VOZES TRANSCENDENTES

Os novos gêneros na música brasileira

Hoo Editora Ltda.
Rua do Bosque, 1589 – Bloco 2 – Conj. 605
Barra Funda – Cep: 01136-001 – São Paulo/SP
Telefone/Fax: (11) 3392-3336
www.hooeditora.com.br
E-mail: contato@hooeditora.com.br
Siga-nos no Twitter: @hooeditora

LARISSA IBÚMI MOREIRA

VOZES TRANSCENDENTES

Os novos gêneros na música brasileira

Vozes Transcendentes:
Os novos gêneros na música brasileira

Copyright © 2018 by Larissa Ibúmi Moreira
© 2018 by Hoo Editora
Todos os direitos reservados e protegidos pela Lei 9.610 de 19/02/1998.

Nenhuma parte deste livro, sem autorização prévia por escrito da editora, poderá ser reproduzida ou transmitida, sejam quais forem os meios empregados: eletrônicos, mecânicos, fotográficos, gravação ou quaisquer outros.

Diretor editorial
Luis Matos

Coordenadora Editorial
Rayanna Pereira

Revisão e Edição:
Jadson Gomes
Juliana Albuquerque

Capa
Rebecca Barboza

Diagramação
Renato Klisman

Dados Internacionais de Catalogação na Publicação (CIP)
Angélica Ilacqua CRB-8/7057

M836v
    Moreira, Larissa Ibúmi
        Vozes transcendentes : os novos gêneros na música brasileira / Larissa Ibúmi Moreira. – São Paulo : Hoo Editora, 2018.
    160 p.

    ISBN: 978-85-93911-11-8

    1. Músicos - Brasil - Biografia 2. Artistas - Brasil - Biografia 3. Homossexuais - Biografia 4. Música - Brasil - História I. Título

18-0024
                                  CDD 927

Índices para catálogo sistemático:
1. Músicos - Brasil - Biografia

Aos parceiros que me abriram caminhos para a escrita deste livro, Carola Gonzales, Assucena Assucena, Raquel Vírginia, Jullyana de Souza, Juliana Albuquerque e Marcio Coelho.

À pequena Helena, filha amorosa, pelas alegrias que me proporciona e pela paciência nas minhas ausências.

Pela memória de Dandara, de Luana Barbosa e do menino Alex.

De todas as vítimas do machismo, da trans/lesbo/homofobia e da heteronormatividade que matam cotidianamente tantas possibilidades de ser.

Logun Ẹdẹ, Tìmì Ẹdẹ, ó lọ sí ìgbẹ́ ọdẹ

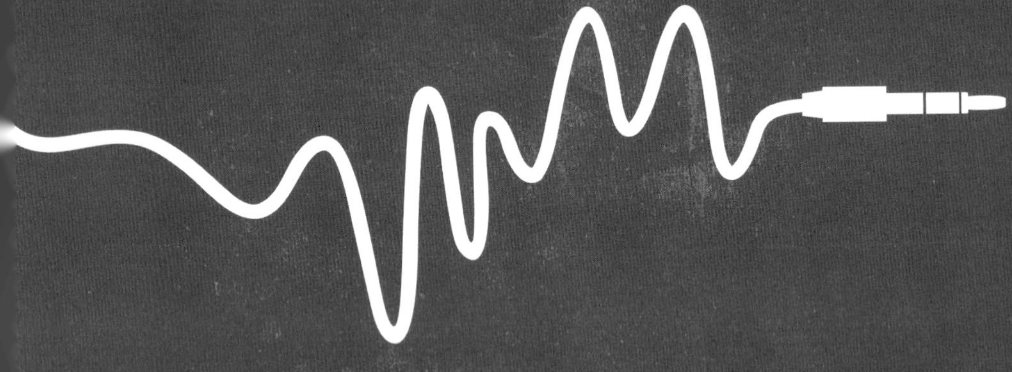

Sumário

Prefácio 9

Apresentação 13

Música brasileira em transe 17

Raquel Virgínia: Vento forte 24

Assucena Assucena: Sou dama de paus 36

Rico Dalasam: Orgunga, orgulho negro gay 52

Liniker: Deixa eu bagunçar você 58

São Yantó: Alguém segure esse homem 66

Linn da Quebrada:
Bixa Preta TRÁ TRÁ TRÁ e Transviada 74

Tiely: Astronautas do varal 90

Luana Hansen: Marginal imperatriz 96

Jup do Bairro: Corpo sem juízo 106

Tássia Reis: Afrontamento 118

Erick Barbi: Ser eu mesmo não é nenhum pecado . . . 130

Luedji Luna: Um corpo no mundo 136

Paula Cavalciuk: Morte e vida uterina 142

Johnny Hooker: Amor marginal 150

Prefácio
Sobre falas e escutas: As narrativas do agora sob o signo da diversidade

É sempre difícil olhar o agora. Em uma das tentativas de elaborar uma espécie de psicanálise social, Sigmund Freud, fundador da vertente que revolucionaria o olhar científico acerca do sujeito no início do século XX, vai dizer que são muitas as tentativas de se voltar ao passado e prever o futuro, mas poucos são aqueles que conseguem viver o presente e "apreciar devidamente o seu conteúdo"[1]. É desse ponto de partida – a dificuldade de viver e, ao mesmo tempo, de radiografar o agora – que quero falar para apresentar este livro.

Recorro à psicanálise por dois motivos. Primeiro, pelo fato de Sigmund Freud, já em 1905, ter colocado a sexualidade na formação do sujeito de forma central. Não que ele, em *Três ensaios sobre a teoria da sexualidade humana*, tenha buscado ditar uma teoria sexual propriamente dita e dar por encerrado o assunto. Pelo contrário, ao final desse estudo, que ele mesmo considera "insatisfatório", admite-se que estamos longe de alcançarmos a completude do assunto justamente pelas múltiplas formas e direções que a sexualidade pode tomar.

Segundo, escolho a abordagem psicanalítica pela intersecção que ela possibilita entre a constituição do sujeito, isso é, o eu, e a cultura, a dimensão própria do outro. Para as questões de gênero e sexualidade, essa perspectiva me parece primordial. Como Maria Rita Kehl aponta, a primeira marca que o sujeito recebe, antes mesmo de nascer, é a marca da diferença sexual binária, e essa será uma das primeiras grandes questões

---

[1] FREUD, Sigmund. "O futuro de uma ilusão". *Obras completas, volume 17*. Inibição, sintoma e angústia, O futuro de uma ilusão e outros textos (1926-1929). Trad. Paulo César de Souza. São Paulo: Companhia das Letras, 2014. p. 232.

para ele[2]. É dito "É um menino!" ou "É uma menina!". Sem que haja qualquer manual de instruções, o sujeito deverá lidar com um desses significantes e com o universo sígnico que carregam, como, por exemplo, as performatividades que se esperam de um homem ou de uma mulher.

Desse modo, o trabalho de Larissa Ibúmi é excepcional por apresentar, através de entrevistas, as relações entre sujeito, cultura e sociedade e escancarar que essas duas últimas instâncias, que antecedem o sujeito e seu desejo, nem sempre conseguem deles dar conta de forma plena.

Ao optar por falar em primeira pessoa, a autora sai da usual posição de pesquisadora-objeto e passa a não mais especular sobre o outro, mas, sim, dar voz e vez para que o outro se coloque. Essa mudança é significativa, justamente por estabelecer uma relação de pesquisa menos compromissada com hipóteses de investigação científica e mais interessada com a construção da realidade – entendendo que ela é tecida a partir do cruzamento de narrativas – sim, mais uma vez a linguagem – pessoais e coletivas.

Quando falamos da questão LGBTQI em uma perspectiva social, é preciso destacar que, na nossa cultura, em que a música popular ocupa um lugar privilegiado, ela historicamente se faz presente desde, pelo menos, meados do século XX. Das personagens Geni e Bárbara, presentes nas canções de Chico Buarque, aos corpos e discursos de Tuca, Ney Matogrosso, Marina Lima e Cássia Eller. Porém, mesmo com todo o legado deixado por artistas que desbravaram as mais diversas formas de identidade de gênero e sexualidade, o que se apresenta na atualidade nos parece novo – e, de fato, é.

Nascida no bojo de novas configurações sociais, a geração de artistas aqui representada por catorze nomes traz outras questões. Se de um lado temos a dimensão subjetiva, que encontra expressão na música, por outro, clama-se por visibilidade coletiva em meio à sociedade do espetáculo, para citar Guy Debord, onde aquilo que não é visível parece não existir[3].

Ao mostrar como os indivíduos vão organizar, por meio da linguagem, suas próprias formas de ser e estar no mundo, este livro apresenta

---

[2] KEHL, Maria Rita. *Deslocamentos do feminino*. A mulher freudiana na passagem para a modernidade. Rio de Janeiro: Imago, 1998.

[3] DEBORD, Guy. *A sociedade do espetáculo*. Trad. Estela dos Santos Abreu. Rio de Janeiro: Contratempo, 1997.

a pluralidade de sentidos possíveis. Nessa direção, a escuta da pesquisadora, assim como ocorre na prática clínica da psicanálise, vale ouro. Escutar significa dar espaço para que o outro, através da fala, instância pessoal e intransferível, se apresente. Cada palavra desvela um sujeito atravessado pela linguagem, que tenta chegar perto do real, daquilo que não tem nome – onde mora o desejo. Somos seres desejantes e, por algo nos faltar, falamos. E, por querermos nos reconhecer nos outros, ouvimos.

Renato Gonçalves, pesquisador de canção popular, comunicação e psicanálise,
Escola de Comunicação e Artes (ECA), USP.

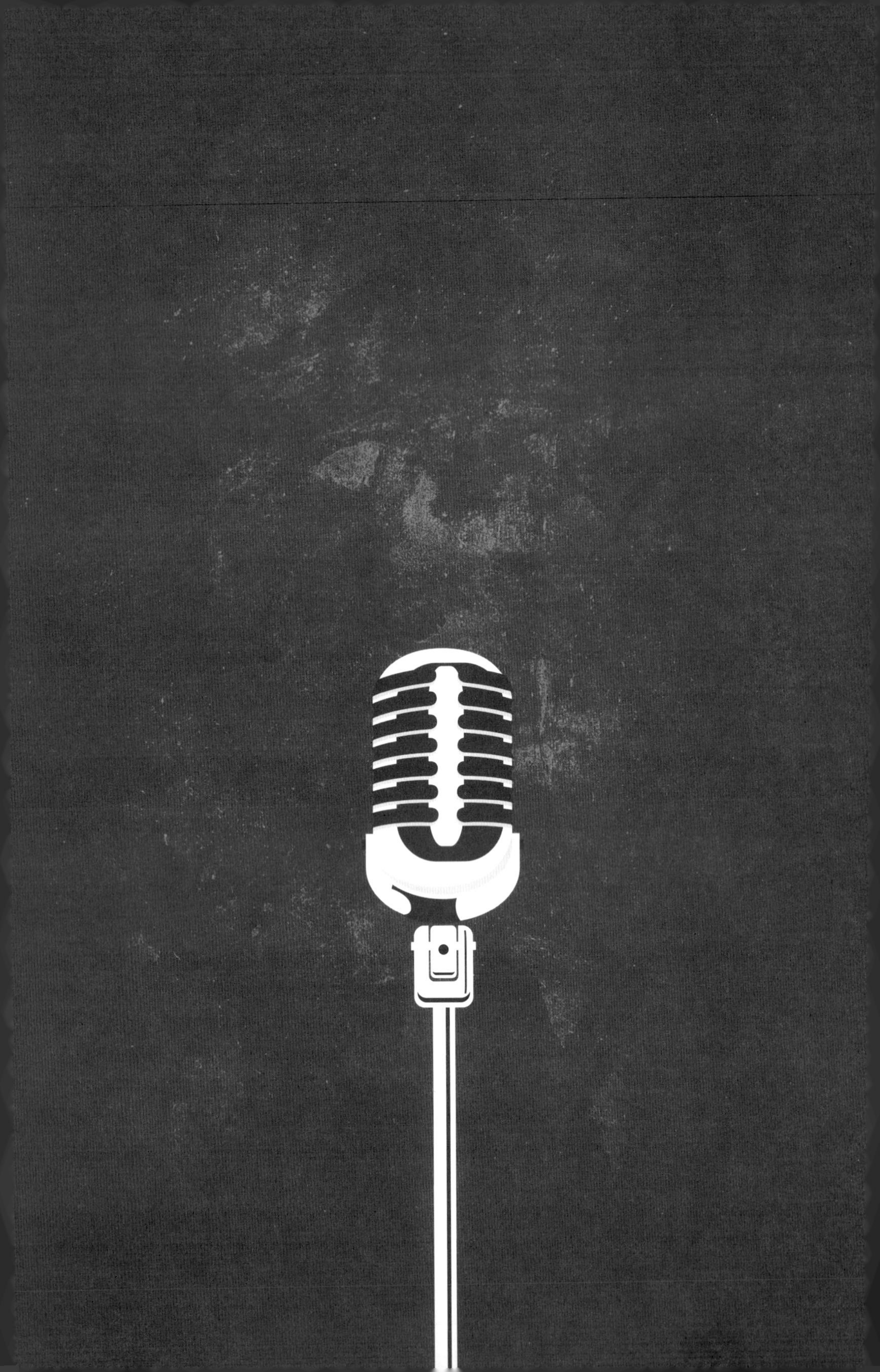

Apresentação

Esta coletânea de entrevistas, realizadas com artistas da nova cena musical brasileira, tem uma característica que a define: a desconstrução das fronteiras de gênero na música. São mulheres e homens transexuais, transgêneros, travestis, de gênero não binário e cisgêneros, ou *drag queens*, de orientação sexual diversa, gays, lésbicas, bissexuais, pansexuais e heterossexuais, que representam vivências políticas no palco por meio de canções, performances e discursos potentes. Não se trata de uma análise acadêmico-teórica nem de um estudo sobre gênero, mas, sim, de um registro de um novo e efervescente movimento cultural.

Chega a ser uma aventura fabulosa e ao mesmo tempo frustrante a tentativa de abarcar uma cena que está viva no presente. Ainda assim, é necessário fazer um recorte para dar conta de retratar as novas experiências de gênero da música brasileira, o que me levou a apresentar as seguintes personagens ao leitor: Raquel Virgínia e Assucena Assucena, do grupo *As Bahias e a Cozinha Mineira*, Rico Dalasam, Liniker, São Yantó, Linn da Quebrada, Tiely, Luana Hansen, Jup do Bairro, Tássia Reis, Erick Barbi, Luedji Luna, Paula Cavalciuk e Johnny Hooker.

A cada semana surgem novos artistas, novas referências, novas experiências de gênero na música brasileira, as quais minhas lentes não puderam alcançar. Assim como não couberam nestas páginas tantos outros conhecidos pelo público, como Pablo Vittar, MC Trans, Não recomendados, Candy Mel, Ellen Oléria, Jaloo, Alexandre Rdash, Valéria Huston, Aretha Franklin, Zé Ed, Verônica Decide Morrer, Ivana Wonder, Triz, Karina Buhr e muitos mais.

Além das questões de gênero, os artistas selecionados têm em comum outro fator: a diversidade tanto musical quanto social. Alguns alcançaram maior visibilidade na mídia, outros ainda estão na batalha para gravar o primeiro disco. Ambos compartilham trajetórias de luta para existir da forma que são, antes e depois da carreira musical. Nas páginas que se seguem, o leitor acompanha os processos de transição, de descobertas e de lutas narradas pelos próprios protagonistas.

As entrevistas foram realizadas segundo a metodologia da História Oral, que consiste, em linhas gerais, na escuta conduzida da história de vida de cada personalidade entrevistada. Dentro da mesma metodologia, foi feita a transcrição dos áudios gravados e aplicada a transcriação, método que comporta pequenas interferências na forma do texto, com o objetivo de manter a sequência, sem alterar o sentido da fala. Ou seja, nesse processo, as falas dos artistas foram transformadas em catorze crônicas em primeira pessoa, nas quais contam a história de vida, sua trajetória artística e seus processos de construção e desconstrução de gênero e sexualidade.

Não há a pretensão de homogenizar a cena musical, por entender quão diversa e multifacetada ela é. Por isso mesmo, refiro-me ao termo cena como metáfora de um espaço que comporta atores distintos, executando diversas funções e ações, mas que são unidos por um mesmo sentido, em um mesmo espaço-tempo. Essa cena é também um movimento plural, que se constrói coletivamente por meio de um discurso potente de empoderamento e de combate aos preconceitos e violência de gênero.

Eu, enquanto mulher cisgênero, negra e bissexual realizo, sobretudo, um grande aprendizado com este livro, com a possibilidade de ouvir, registrar e transmitir experiências políticas de vida e de arte, de pessoas que (re)existem apesar da sombra conservadora no encalço. Sombra que insiste em violentá-los, seja pela negação de sua existência, seja pela censura de seus corpos. Que essas experiências possam ser um farol para a obscuridade de tantos armários.

Identidade de gênero e orientação sexual

Com a intenção de guiar o leitor pelas próximas páginas, elaborei um pequeno glossário, se é que se pode chamar assim, com termos importantes para começar a entender as questões de gênero e de orientação sexual.

Transexual: indivíduo que não se identifica com a identidade de gênero que lhe foi designada no nascimento e que busca a transição para o gênero oposto por meio de cirurgia de redesignação sexual ou de hormonização.

Transgênero: pessoa que se identifica com uma identidade de gênero ou expressão de gênero que difere do sexo biológico ao qual pertencem. Não passaram por interferência médica nem hormonal.

Travesti: indivíduo que expressa um gênero diferente do que lhe foi designado ao nascer. Na maior parte dos casos, é uma expressão do feminino em pessoas do gênero masculino e pode ou não incorrer em procedimentos estéticos e cirúrgicos, sem, no entanto, alterar o órgão sexual.

Drag queen: pessoa que se traveste, expressando o gênero oposto ao qual foi designada, com um intuito profissional ou artístico, e tem na performance um componente transgressor. Geralmente consiste na criação de um personagem com características femininas acentuadas ou dramáticas. Não se trata de identidade de gênero, e sim expressão de gênero.

Gênero não binário ou Genderqueer: pessoas que se identificam fora do binarismo homem × mulher e podem ter diversas identidades de gênero. Bigênera, trigênera, pangênera/multigênera (se identificam como homem e mulher ao mesmo tempo); demigênera (é em parte homem ou mulher); agênera (não é homem nem mulher); gênero fluido (transita entre os gêneros), entre outros. Criada pela filósofa Judith Butler, a teoria *queer* considera gênero algo socialmente construído e que a designação binária, ao nascer, pela genitália deve ser abolida. Gênero e sexualidade são performances sistêmicas, ou seja, construções sistemáticas da sociedade, mas ambos são originalmente fluidos.

Cisgênero: pessoas que se identificam com o gênero ao qual foram designadas ao nascer.

Pansexualidade: atração sexual por indivíduos de qualquer identidade de gênero ou orientação sexual.

Heterossexualidade: atração sexual por indivíduos do gênero oposto.

Homossexualidade: atração sexual por indivíduos do mesmo gênero.

Bissexualidade: atração sexual por indivíduos tanto do gênero feminino quanto do masculino.

Música brasileira em transe

Em outubro de 2015, um vídeo gravado em uma sala de estar com um – até então visto como – rapaz, negro, usando um turbante estampado, batom nos lábios sob um fino bigode, e uma voz estonteante, alcançou a casa de um milhão de visualizações em apenas cinco dias. Deixa eu bagunçar você é o verso em *soul music* da canção "Zero" de Liniker, que provocou uma intensa repercussão tanto no meio da música brasileira quanto nos debates sobre gênero e sexualidade, que está em crescente movimento nos últimos anos.

De fato, Liniker faz parte de uma cena musical que veio para bagunçar as concepções de gênero no imaginário social do país, um caminho aberto há cinquenta anos pelo movimento Tropicália e seus frutos. No entanto, esta cena está inserida em outro contexto político, social e artístico e em novas formas de vivências políticas. Para entender melhor aquilo que esses artistas estão expressando hoje, é preciso voltar os olhos para o tempo passado.

Em meados dos anos 1960, Ney Matogrosso fez uma de suas primeiras apresentações como cantor de MPB em um festival organizado por estudantes universitários em Brasília, com o intuito de se contrapor ao regime militar. Por não corresponder ao comportamento engajado que o público de esquerda esperava dos artistas naquela ocasião, Ney foi hostilizado com palavras de cunho homofóbico. Aquela esquerda se incomodou quando ele soltou a voz num timbre considerado feminino, e Ney chegou a parar a música para responder a um rapaz que gritou "bicha" em meio ao show.

Pouco tempo depois, ao deparar com Caetano Veloso de cabelos compridos, usando roupa cor de rosa num corpo que parecia não informar o gênero ao qual pertencia, Ney viu uma ruptura estética. Viu ali um lugar do qual poderia partir com tudo aquilo que efervescia artisticamente dentro de si e ir além, nesse sentido, de seus antecessores tropicalistas. Ney Matogrosso se consolidou como um artista que tinha ultrapassado as fronteiras de gênero impostas pela construção social. Ele subverteu a norma moral de uma época na qual a homossexualidade – até então chamada homossexualismo – era vista, aos olhos da lei e da medicina, como desvio comportamental.

A subversão das concepções de gênero e sexualidade na música não é exclusividade do movimento tropicalista, estrelado por Caetano Veloso, Gal Gosta, Gilberto Gil e Maria Bethânia, embora tenha provocado uma grande virada. Também tivemos Dzi Croquetes, Cláudia Wonder, as chamadas Divinas Divas – batizadas assim depois de ganharem um documentário em 2017 realizado pela atriz e diretora Leandra Leal –, grupo composto por Rogéria, Valéria, Jane di Castro, Camille K., Fujica de Holliday, Eloína, Marquesa e Brigitte de Búzios, consideradas a primeira geração de artistas travestis no Brasil. Nas décadas seguintes, as cantoras Marina Lima, Cássia Eller, Mart'inália, Leci Brandão, só para citar alguns nomes, ocuparam essa cena musical. Embora muitas vezes tais artistas não assumissem diretamente uma postura de subversão à norma de gênero, isso esteve nas entrelinhas das performances, do figurino ou nas letras das canções.

É fato que muitos dos novos artistas atualizam questões tanto estéticas quanto comportamentais levantadas pelo Tropicalismo. O grupo As Bahias e a Cozinha Mineira, por exemplo, traz o disco Bixa (2017) quarenta anos depois que Caetano Veloso lançou Bicho (1977), álbum que traz uma pulverização dos limites de gênero em sua simbologia. Um estudo que se aprofunda nessa ligação talvez umbilical entre a Tropicália e a nova cena musical é do pesquisador Renato Gonçalves com o livro Nós duas (2016) e outros artigos correlatos.

Na última década, ganham força no Brasil os estudos *queer*, tendo como sua principal referência a filósofa norte-americana Judith Butler. No entanto, teóricos nacionais, trans e cis, avançam em estudos voltados para a realidade brasileira em relação à população LGBTQI (lésbicas, gays, bissexuais, transexuais, transgêneros, travestis, *queer* e intersexo), traduzindo o conceito *queer* para transviado, por exemplo, com todas as especificidades que a realidade nacional demanda. Entre a teoria e o cotidiano, a academia e as ruas, na última década, vemos germinar e se consolidar uma nova linguagem musical, comportamental e estética.

Dois fatores que possibilitaram a efervescência de novos artistas dessa cena musical, sem dúvida, foram a internet e a produção musical independente. As redes sociais digitais possibilitaram ferramentas de marketing e produção, essenciais para o surgimento da cena musical independente. Hoje, muitas casas de shows adotam o critério de número de seguidores de determinado artista para contratá-lo. A matemática de likes e players no Facebook e outras mídias digitais determinam a que lugares um determinado artista consegue chegar. A internet aproxima o público do artista a ponto de compartilhar sua intimidade, de se sentir parte daquilo. Sem falar no salto de proximidade entre estar na web e chegar até as mídias tradicionais. Utilizando as ferramentas cada vez mais atualizadas de comunicação instantânea, artistas de todo país encontraram espaço na indústria fonográfica brasileira.

A cena independente paulistana, surgida nos anos 2010, tem posição privilegiada nesse movimento musical. Em decorrência de processos econômicos e de políticas culturais como Proac, editais, pontos de cultura, e incentivos estatais no país nos últimos quinze anos, especialmente realizados durante os anos de governo Lula, gerou-se uma abertura no sistema para o surgimento dessa cena independente. São Paulo centraliza oportunidades à sustentação e divulgação de trabalhos musicais autorais, sem a interferência das grandes gravadoras. Também é um espaço privilegiado de encontro de diversas vertentes estéticas. Por isso, na história dos artistas a seguir, veremos a frequência da migração para a capital paulista como uma maneira de desenvolver a carreira independente.

Essa cena musical atual, que vem desconstruindo o conceito de gênero no palco, levanta questões que interseccionam também raça e classe; questões como identidade, ocupação de espaços privilegiados, feminismo, a luta contra o machismo, contra o racismo e contra as opressões do estado e das religiões, que também estão em pauta. Nas páginas a seguir, você terá contato com experiências múltiplas e muito doloridas, que levaram esses e essas artistas a chegarem onde estão.

Esses artistas subvertem as fronteiras de gênero, transitando entre o espectro masculino e feminino, ou adotam um visual andrógino. Assim como também assumem abertamente sua identidade de gênero e orientação sexual, diferentemente de seus predecessores. Trata-se de um movimento que não foi programado por uma reunião de artistas ou pensadores. É um movimento espontâneo, que pipoca por todos os lados, da margem para o centro, e não tem meias palavras ao colocar o dedo na ferida da sociedade. Provocam a ocupação de espaços conservadores, como mídias tradicionais, grandes locais de shows privados ou públicos, e tencionam o sistema. Ou o "cis"tema, que é patriarcal, heternormativo e branco.

Suas composições apresentam letras de músicas que falam direta ou indiretamente sobre o corpo, as possíveis identidades, a diversidade cultural, sexual, racial e de crença. Rompem com o amor heteronormativo, centrado no sexo oposto do eu lírico, quando cantam o amor, o tesão, a paixão pelo mesmo sexo. Incentivam com suas posturas no palco ou com aquilo que expressam na fala o empoderamento de parcelas da população com as quais se identificam ou que se sentem comprometidas a abraçar a causa.

É um movimento crescente, aglutinador, que está, sobretudo, reinventando a MPB, o rap, o funk, o pop... A complexidade está no fato de não se tratar de música panfletária, mas o discurso vem somado a novas musicalidades, de profundo valor e investimento estético.

Vivemos num tempo em que os cânones da música brasileira são confrontados por parte de seu público, caso suas letras tragam quaisquer referências opressivas, machistas ou racistas. A popularização do acesso às expressões artísticas fez também com que nada mais passasse impune a uma reflexão e isso chega ao artista diretamente, gerando alguma reação.

Hoje não dá para falar dos artistas da nova música brasileira sem confrontar as questões de gênero. Este novo momento resvalou até mesmo no sertanejo universitário, espaço que até pouco tempo era privilégio masculino, e hoje tem à frente um grande grupo de mulheres. No entanto, diferentemente do sertanejo universitário, que ocupa parte privilegiada na indústria fonográfica, nas grandes gravadoras, rádios e na mídia em geral, artistas de outros ritmos têm destaque por sobreviverem na indústria cultural tanto de forma independente quanto em meio às pautas que levantam.

É comum à arte se posicionar diante das questões da sociedade. Foi como nasceram muitas das mais importantes canções do repertório da música brasileira. Assim ocorreu no período da ditadura militar, e é assim hoje, enquanto vivemos sob uma sombra crescente de conservadorismo e fascismo. No entanto, o que parece haver de novo é a potência com a qual esse movimento interage com o público, representa e é representado, apesar dos limites que a representatividade tem em não alterar as estruturas. Hoje, é possível ouvir uma artista trans e travesti em um programa da mídia de massa sem que esteja ali ocupando um lugar de chacota ou de exótico. O mesmo programa de TV que consegue alcançar milhares de salas de estar, em lugares nos quais o ativismo político ou a academia não chegam, e que podem gerar tensão, debate, representação, inspiração, fortalecimento. E isso é mérito da luta de militâncias diversas LGBTQIs, feministas, negras, interseccionais, que lutam para que todos os corpos, em todas as suas complexidades, ocupem e transformem os espaços hegemônicos.

Nesse movimento, a performance no palco voltou a ter um grande peso, depois de uma fase da música popular brasileira feita de voz e violão. Isso porque a centralidade do debate está no corpo, nas potências e possibilidades do corpo como instrumento político por ter sua liberdade policiada todo o tempo.

Este livro busca trazer a perspectiva de alguns artistas de contextos sociais diversos e de diferentes estilos musicais: hip hop, rap, MPB, *soul*, funk, jazz, pop, pop rock etc. Da quebrada à roça, do Nordeste à metrópole paulista, do centro à periferia, eles trazem a marca da diversidade com um laço em comum: estão falando de comportamento, liberdade sexual e, ao mesmo tempo, da não objetificação de seus corpos. Para uma pessoa LGBTQI, viver é uma batalha diária e, no caso de pessoas negras e periféricas, acrescenta-se mais um peso. Isso sem falar das invisibilizações conferidas a mulheres lésbicas ou bissexuais e homens trans dentro do próprio movimento.

O Brasil é o país onde mais se mata LGBTQIs no mundo, segundo uma pesquisa da Rede TransBrasil e do Grupo Gay da Bahia (GGB). O ano de 2016 somou um total de 144 mortes. No primeiro semestre de 2017, o valor subiu 18% em relação ao registrado no mesmo período do ano anterior. Uma pesquisa do Departamento de Saúde e Serviços Humanos dos EUA divulgou que o índice de tentativa de suicídio entre jovens LGBTQI é quatro vezes maior que entre jovens heterossexuais, apontando para a vulnerabilidade emocional e psicológica a qual estão sujeitos. A violência não é apenas física, pois um dos impedimentos para a existência de pessoas LGBTQI é a dificuldade em conseguir um emprego formal. Não é novidade que, para transgêneros e travestis, o mercado de trabalho é uma barreira. São relegados aos subempregos ou à prostituição.

A arte sempre foi um dos poucos espaços em que principalmente pessoas trans e travestis podem se fazer visíveis e valorizadas, ainda que, em lamentáveis casos, seja apenas entre o camarim e o palco. É apenas uma pequena fração das possibilidades à qual toda e qualquer pessoa deveria ter acesso. Pessoas trans e travestis lutam diariamente para existir. Mesmo aclamadas como divas no palco, ainda assim não escapam da transfobia, do machismo e do racismo, pois a indústria cultural é ainda formada por homens cis, brancos e de classe média e alta.

Numa luta por representatividade, esses artistas estão desafiando as grandes mídias, a indústria da beleza e a produção de discursos. A publicidade tem levado pessoas "fora do padrão" às suas propagandas e tem tentado angariar novos públicos consumidores com a pauta da diversidade. É muito claro que o movimento do mercado é também de absorver a cena e transformá-la em produto. No entanto, estamos falando de agentes, sujeitos ativos, artistas cientes de suas potencialidades políticas e que veem na grande mídia não só a possibilidade de existir, mas também de confrontar a hegemonia branca heteronormativa pelo campo simbólico.

Esse movimento musical, que na cena norte-americana é chamado de *Queer*, no Brasil já foi chamado de MPBTrans pelo jornalista e político Jean Wyllys e de movimento Transviado por outros pensadores. Alguns dos artistas entrevistados o chamam de MPBeau – do termo francês beau, bela(o) – ou MPBixa. Há muitos outros que preferem não nomear essa cena.

A realidade é que ninguém aqui quer ser colocado dentro de uma caixa, de algo que possa defini-los de fora para dentro. Uma coisa é certa, a cara desse movimento é um prisma, tão disposta a refletir diversas faces e cores quanto o arco-íris da tradicional bandeira LGBTQI. Transversal, transformador, transcultural, transgressor, transverso... Em verso e refrão, essas figuras estão transformando a música brasileira e, quem sabe, podem transformar você, leitor, também.

Não guardo a pretensão de nomear o movimento, mas transmito, nas próximas páginas, o que pensam os protagonistas sobre a história que estão construindo.

Com a palavra...

RAQUEL VIRGÍNIA:
Vento forte

Fui registrada como Rafael Cássio Vitor ao nascer em 1989. Há muito tempo eu tenho posicionamentos femininos na minha vida. Sempre estive em um lugar que não necessariamente era meu. Se eu estava assistindo a uma novela, por exemplo, o lugar que eu me colocava era o da mocinha ou qualquer outro personagem feminino. Minha linha de identidade sempre foi dentro dessa divisão do que é feminino e do que é masculino. Sempre gostei dos gestos femininos, dos ambientes femininos, mas não no sentido de admiração, e sim no sentido de ser aquilo. Queria fazer aquilo que minhas primas faziam, discutir sobre cabelos, conversar sobre os meninos.

Por muito tempo, minha sensação era a de ser gay, o que eu não queria admitir. Justamente porque ser trans, não era um lugar possível para mim. Não era isso. Nunca olhei para uma trans e disse para mim mesma "Acho que sou trans". Nunca olhei para uma travesti e disse "Acho que sou uma travesti". Eu tinha isso com as mulheres cis. Não existia para mim essa referência de ser um outro, essa possibilidade de ser uma mulher trans. Mas quando entrei no meu processo de transição, eu sabia que estava ali, no próprio processo de transição. Foi acontecendo aos poucos, e era como uma natureza que tinha de brotar. Não raciocinava sobre onde ia dar.

Não vão me enlouquecer

Comecei usando shortinhos. Quando me vi, em 2011, estava usando shortinhos para o carnaval, para uma festa, para ir à faculdade. Usava para ir à Universidade de São Paulo, à Faculdade de História. Ao passo que é um ambiente catedrático, é também, de alguma forma, libertador, tem suas fendas abertas. Era um privilégio poder usar minhas roupas naquele lugar, o privilégio de poder me afirmar naquele espaço.

Conforme vinha o processo de transição, eu me munia de articulação política, de argumentação, o que me trouxe movimentos muito libertadores. A princípio, foi a coisa mais difícil que me aconteceu. Minha avó com câncer foi tão difícil quanto esse processo de transição, por exemplo.

Um processo muito solitário. Eu tinha amigos que apoiavam, mas era maior a sensação de estar ridícula o tempo todo. Isso foi uma constante. Parecia que eu estava fazendo papel de ridícula. Era um processo.

Estava nascendo uma identidade. Nascendo uma proposta de vida. Essa proposta continua solitária, mas naquele momento era absurdamente solitária! Não tinha ninguém para acudir. E ainda mais morando sozinha. Tudo começou comigo morando só. Então eu era agredida o dia inteiro. Por todo lugar onde ia, deparava com várias pessoas falando mil coisas. As pessoas riam. Em todo lugar onde entrava, eu era o assunto. E como eu voltava para casa depois de passar por tudo isso sozinha?

Essa situação talvez tenha sido a pior e a melhor coisa que me aconteceu, porque cresci muito como ser humano. Tudo em mim ficou mais forte. Eu disse para mim mesma "Não vão me enlouquecer". A anedota fundamental do meu processo de transição foi quando eu estava viajando pelo rio São Francisco, fui fazer um mochilão. Era o começo do processo.

Gruta bruta

Estava eu e a Tica, uma grande amiga, em 2012, nessa viagem. Compus muitas músicas do disco *Mulher* (2015), a canção "Lua", a "Lavadeira Água". Essa última eu escrevi numa cidade chamada Manga, em Minas Gerais, e terminei em Bom Jesus da Lapa, Bahia. Essas cidades pelas quais passamos não eram turísticas. E eram lindas! Estávamos numa cidade chamada Piranhas, em Alagoas, à beira do rio São Francisco, conversando com os pescadores. Eles me perguntaram qual era o meu nome, qual era "a minha graça". Respondi que era Rafael, e me disseram que de Rafael eu não tinha nada. Que o meu nome deveria ser Raquel.

Então eu fui batizada por um pescador da cidade de Piranhas no rio São Francisco, como Raquel! Eu me emociono com essa história. Por isso, não abro mão de Raquel, porque achei a história fantástica. Em seguida, escolhi Virgínia, porque queria um nome que começasse com Vi. Queria manter as iniciais. À beira do Velho Chico, nasceu Raquel Virgínia!

Olhar pela fechadura
Abertura do céu
Temer caboclo de beira

Manga beira Gabriel
Cosmopolitano raro
Cascalho no espelho do rio
Batuca lavadeira água
Entre tantos que pariu
("Lavadeira Água", Raquel Virgínia)

Parecia que o sertão era uma fechadura. Só que o sertão é o lugar que tem o céu mais aberto. Por isso digo "olhar pela fechadura, abertura do céu". Conheci um menino na cidade de Manga, um moleque, Gabriel é o nome dele. A gente se encontrou com ele na beira do rio São Francisco, e ele olhava de rabo de olho para a gente, ele falava e falava. Contava tudo quanto era história daquele sertão. Pensei em como ele era inteligente. E pegava pedras, cascalhos, jogava na superfície da água, e a pedra ia lindamente... De repente, ele se voltou para a gente e falou sobre o Caboclo D'água. Disse que se eu encontrasse o caboclo, teria que dar fumo para ele, senão ele levaria todos nós para o rio. A gente ia sumir. Ali, eu me dei conta de que ele era cosmopolitano. Ele era um cosmopolitano raro! Ele estava em todos os lugares, sabia sobre todas as coisas. "Cosmopolitano raro, cascalho no espelho do rio".

Trans e negra

Foi a partir dessa viagem que veio um encontro estético ainda maior entre mim e a Assucena, assim como uma grande virada no meu processo de transição. Nossa vida é muito fragmentada, nós, mulheres trans, não temos relacionamentos. Não tenho uma relação hoje na qual me sinta dentro de um relacionamento íntimo. Não tenho relacionamentos íntimos. Intimamente, sou uma pessoa solitária. Isso já me fez sofrer, mas hoje lido bem em ser solitária. Sou uma mulher trans e negra.

Entrei numa fase em que não reparo mais os olhares das pessoas nas ruas. Tanto que muitos amigos me perguntam como é que eu aguento tantas pessoas me olhando. Muitas me olham, e não é porque sou artista. Olham por outros motivos. É difícil se relacionar comigo. Imagina alguém querer uma intimidade comigo, jantar comigo no restaurante? Quanta disposição que esse boy não teria que ter?! Imagina ter que ir ao mercado comigo, ao cinema... É uma exposição muito grande!

Meu corpo, quando chega aos lugares, chama atenção. É um corpo que gera muitos comentários absurdos, e nem sempre as pessoas estão dispostas a estar no meio desse absurdo que é o que eu vivo. Já me acostumei, mas às vezes nem eu quero. Por exemplo, eu não gosto de andar com minha mãe, de vê-la na situação de ouvir todas as ofensas que ouço cotidianamente... Isso é horrível! Evito sair com minha mãe para que ela não seja submetida aos olhares aos quais me submetem.

Dedo do meio

Não lembro exatamente qual foi a primeira vez que me coloquei como mulher, mas foi quando eu decidi usar um vestido sozinha na rua. Foi uma decisão! Parecia que estava desbravando uma mata. Lembro de sentir medo até a hora de atravessar a porta, mas, quando coloquei o pé na rua, o medo se dispersou. As pessoas me xingavam e foi a época em que eu mais mostrei o dedo na rua, o dedo do meio. Tanto que o meu primeiro disco solo vai se chamar *Dedo do Meio*.

Estava muito atenta, mas era uma atenção desconcentrada. Ali, eu já estava me entendendo como Raquel. Hoje em dia é raro eu transar com um homem que não me reconhece como mulher. Raro. Nunca mais fiz isso. Todos os homens com os quais eu me relaciono têm algum entendimento disso. Hoje estou tão segura do que eu sou que já não me importo mais com as outras opiniões. Estou numa outra fase, nitidamente. Com certeza, logo eu chego em outra, daqui a pouco. Eu tenho fases.

Por tudo o que passei, não sei nem se é uma forma de resistência, não quero saber se é. Quero ser feliz. Feliz, caralho! Feliz! Nossa felicidade é muito importante e precisamos reinventá-la a todo instante. Não existe fórmula. Ela pode estar em ler um capítulo de um livro. Às vezes é só ir até um parque. Outras vezes, ir a um show. Às vezes é deixar a fossa bater e ficar um dia de cama. Não importa, a gente não tem que ter esse movimento de resignação, tem que ter aceitação daquilo que a gente é! Se eu não aceitar que, a vida toda, vou passar pela sombra dos olhares agudos em cima de mim – e isso não é se resignar –, haja crise de pânico, vou começar a ter depressão, tomar remédios. Não! Eu me nego a isso.

O lance é muito pesado, talvez eu nunca consiga ter uma família ou nunca consiga ter um filho. Se eu adotar crianças, terei que ser uma mãe trinta vezes mais atenciosa por causa da exposição a que meus filhos vão estar sujeitos apenas por eu ser quem sou, no sentido de ser trans mesmo, e não artista. Se eu fosse uma artista que não fosse trans, estaria tudo certo. Quando eu falo que quero ir no programa da Ana Maria Braga fritar omelete é porque eu quero que as pessoas vejam que as trans e os trans são normais. Fazem coisas normais, ordinárias, reais, cotidianas.

Vestiu-se de Josefa Maria

A família é o ponto mais sensível na minha vida. Se eles me levassem numa boa, eu aguentaria qualquer coisa. O mais difícil é a minha família. Mas também acho que é o tempo quem vai resolver, queira ele! Sei bem pouco da minha história, de como meu pai e minha mãe se conheceram. Não sei porque eles se separaram, também não entendo. Mas sei outras coisas, minha bisavó, por parte de mãe, era uma nordestina paraibana que veio para São Paulo. Da parte do meu pai, sei muito pouco, sei que minha vó é de Pernambuco, meu avô era baiano e sei que meu tataravô falava sobre lembranças da escravidão. E eu sou filha de uma mulher branca e um homem negro. É um dilema.

Nasci no Jabaquara, cresci entre Jardim Miriam, Grajaú e Capão Redondo, periferia da zona sul de São Paulo. Eu e minha mãe dormíamos no chão. No chão da casa dos outros. A gente não tinha casa, não tinha grana, não tinha jeito de morar só eu e minha mãe. Tanto que, por muito tempo, meu maior sonho junto com a minha mãe era que a gente tivesse nossa casa. A gente dormia no chão da sala das pessoas da nossa família. Chegamos a morar na casa de todos os membros da nossa família.

Existe uma complexidade grande em ser filha de uma mulher branca com um homem negro. Minha mãe me criou sozinha, com a ajuda da família dela, família branca, mas parecia que as pessoas cuidavam de mim com pouca vontade. Imagina eu, uma criança preta, aviadada e intrometida, deve ter sido difícil.

Minha mãe sempre foi muito trabalhadora. Várias vezes fiquei sozinha na clínica do médico com o qual ela trabalhava e que depois se tornou meu padrasto. Moramos ali por um tempo e, quando minha mãe tinha que sair para trabalhar em hospitais, ela me perguntava se eu ficaria com medo de estar sozinha. Respondia que não, para que ela não se sentisse culpada, mas a verdade é que eu me apavorava por dentro.

Aprendi desde cedo a controlar o medo. Tenho uma história muito grande de superação de medo e acabei desenvolvendo uma relação impressionante com esse sentimento. Quando o medo bate forte, é o momento em que fico mais equilibrada. E, naqueles dias, na clínica, um amigo me telefonava e ficávamos umas três horas ao telefone, às vezes sem falar nada um para o outro, apenas para que eu não me sentisse tão sozinha.

Primeiro sexo, terceiro sexo, um fuzil

Foi no começo de 2017. Eu estava em um lugar onde não sabia de nada. Conheci um boy na quadra da Mangueira, lá no morro. E aí tive com esse boy as noites de amor mais intensas! Nossa, que loucura! Foi uma noite de amor incrível. Ele era incrível, hiper-romântico, beijava minhas mãos. Era um homem negro, mais velho. Não consigo mais me lembrar da cara dele. Ele me chamava de princesa.

Depois de um tempo, esse boy pirou. De manhã, quando eu falei que ia embora, ele disse que não, que eu não iria embora. Ele começou a perguntar por que que eu tinha metido a besta de estar ali. "Eu não sei o que está acontecendo", ele disse. Falou que não ficava daquele jeito nem quando era com uma mulher. E perguntava: "Por que estou assim com você?".

Dizia que estava me tratando igual a uma mulher, que eu tinha um rosto bonito e que ele não iria deixar meu rosto ficar ileso. Queria deixar alguma marca no meu rosto. Falava que os meus dentes eram bonitos e que eu iria sair de lá com pelo menos dois dentes quebrados. "Acho que eu vou desaparecer com você. É, vou desaparecer com você. Vou chamar os caras aqui! Vou levar você lá para o alto do morro. Sabe o que acontece com gente que vai lá para o alto do morro? Tem gente que some lá em cima!".

Lembro que eu só conseguia olhar nos olhos dele. Aquela foi a troca de olhares mais foda que tive na minha vida. Mais real! Era um lance de eu ter que entrar na ideia do cara! Era uma questão de vida ou morte. Não tinha o que fazer. Eu tinha que entrar na ideia do cara, então eu olhava no fundo dos olhos dele. Eu dizia "Não faz isso, cara!", foi uma loucura! Nunca fui uma pessoa muito espiritualizada, mas, naquele dia, eu senti que havia uma coisa me protegendo. Tenho Oxóssi e Iansã na minha vida. Sou ventania, vento forte! Ele pegava numa barra de ferro e ameaçava me bater, mas alguma coisa o bloqueava.

Tudo começou porque de manhã ele queria me comer de novo. E eu falei que queria ir embora. Ele disse que não, que nenhuma mulher fazia aquilo com ele. "Não vai ser você! Você vai me dar, sim!", mas eu não dei pra ele. Passaram-se horas inteiras, e eu não dei pra ele! Foi foda! Foi foda! Ele dizia que iria me matar, que iria me bater, que iria me deixar manca. Ele me torturou! Até que uma hora eu cedi e tive que bater uma pra ele e fazer um boquete. Já é um estupro, mas ele não me penetrou, o que pra mim já foi ótimo.

Minha vida mudou naquele dia! Por vários motivos. Vi que eu estava mesmo sozinha. Quando saí daquele caso, fiquei o dia inteiro sozinha. Não sabia com quem falar. Não tinha uma pessoa que eu pudesse procurar, que eu pudesse desabafar. Estávamos num barraco. Eu sentia muita sede, não tinha água, e ficamos naquela batalha até as quatro da tarde. Até que ele se cansou e me soltou. Saí correndo, peguei um táxi e fui para o hotel. Cheguei no hotel, corri pro banho e chorei pra caralho, cheirei pra caralho! Compus uma música chamada "Drama":

Eu recente preta
Patrícia dos burgos burgueses
Ele preto velho do morro do rio
Tensão de dois corpos fundidos num ato
Um drama.
Primeiro sexo, terceiro sexo, um fuzil
Uau! Fantástico tudo explosivo
Esse hino de tiros e bombas que cantam
Soam sinos de catedral
("Drama", Raquel Virgínia)

Sou mirrado flor e germino pétalas no asfalto

Sempre fui artista. Não existe uma fase da minha vida em que eu não tenha feito arte. Nunca, todas as vezes fiz arte. Desde criança, eu falava que iria ser artista. Depois, entrei numa onda de ser atriz, até chegar ao ponto de copiar as cenas a que assistia nas novelas. Ia para escola e ficava refazendo aquelas cenas no pátio.

Mas tenho um lance muito forte com a Ivete Sangalo. Foi vendo a Ivete que tive vontade de ser cantora, foi aí que passei da atriz para a cantora. Ivete tinha feito o *MTV ao vivo*, em 2004. Pirei na Ivete e naquele DVD! Era um show com a participação do Gilberto Gil, da Margareth Menezes, de Daniela Mercury, de Sandy & Júnior, do Davi Moraes. Todas essas figuras, além de uma banda foda pra cacete que a Ivete tinha. Hoje eu sei quem são eles, na época nem sabia. Ouvir a Ivete cantar "Nossa gente (Avisa lá)", nossa, foi muito louco! E essa música, com certeza, vou gravar um dia. Quero fazer um disco de axé.

A partir desse encontro com a potência da Ivete, comecei a escrever músicas de axé, queria ser uma cantora de axé e, inclusive, já estava desenvolvendo todo o meu repertório. Dos 14 para os 15 anos, pirei nessa de axé music, e foi aí que a música entrou pra ficar na minha vida. Veio também o desejo muito grande de ir morar na Bahia, em Salvador, porque o meu grande sonho era ser puxadora de trio elétrico. Nesse processo a Ivete também abriu meus ouvidos pra música do Gil, interpretando as canções dele. Eu já tinha um lance com "Refazenda" (1975): "Abacateiro, acataremos seu ato/ Nós também somos do mato/ Como o pato e o leão". Tanto que meu jeito de escrever música, de explorar a palavra, e não necessariamente o sentido profundo, vem desse encontro com Gil, em "Refazenda". "Urubu Coruja, Coruja Urubu", por exemplo, é uma música de Bixa (2017) que faz uma viagem de sílabas, não é só uma forma de linguagem, existe um conceito silábico colocado ali.

> *Moeda presa na farofa da macumba*
> *Prato de barro na esquina*
> *Urubu vai cumê carne podre*
> *Maçã vermelha, lá da feira feito sangue*
> *Se esparramou de gritaria*
> *Junto daquele grande bang bang*
> ("Urubu Coruja, Coruja Urubu", Raquel Virgínia)

Quando a música vem, já não seguro mais. É o tipo de coisa que vem como uma enxurrada. Vai ficando cada vez mais profundo que você. Parece que você vai entrando em um universo, e esse universo vai virando você. Você vai entrando, vai entrando... Mas existe uma mudança da postura amadora para a postura profissional na música, é uma transição muito importante e é por isso que estou aqui. Embora seja mais romântico aquele jeito antigo de uma gravadora descobrir um artista, e a partir daí esse artista explodir, de a gravadora cuidar inteiramente do artista, esse modelo basicamente não existe mais. O que existe é muito trabalho e temos que nos envolver em tudo. Esse é o elemento que fez com que As Bahias chegassem até aqui.

Comida forte

Eu, Assucena e Rafa (Rafael Acerbi) nos conhecemos na USP, na Faculdade de História, em 2011. Em Salvador, eu já tinha tentado produzir um single chamado "Iracema", uma música minha, da adolescência, mas acabou que não deu certo, não consegui produzir. Lá, fiz o curso de Jornalismo na Faculdade Jorge Amado, mas não terminei.

Voltei pra São Paulo e prestei História. Quando decidi voltar, tinha uma vontade de prestar para uma universidade pública para ter tempo de desenvolver minha carreira. Isso antes de conhecer o Rafa. Quando eu e Assucena conhecemos o Rafa, formamos o grupo Preto por Preto, uma homenagem ao *Back to Black* da Amy Winehouse. Cheguei a gravar "Sua Tez", uma música da Assucena, e fiz um show no Teatro da Consolação sozinha. Rafa e Assucena demoraram um pouco para entrar no pique profissional que eu tinha, estavam muito mais voltados para a faculdade. Eu estava no pique da música. Até que começamos a ouvir Gal Costa, as primeiras músicas dela, e a partir dali nós nos voltamos pra música profissionalmente. Eu sempre puxei mais o trio, isso é inquestionável!

A música surgiu entre a gente de forma espontânea. Foi rápido. Chegávamos ao prédio de História pra fazer matérias juntos, e o Rafa começou a levar o violão. A gente começou a cantar, e o jeito que a gente cantava empolgava as pessoas. Em 2011, montamos a banda, começamos a fazer shows e saraus na USP. Os encontros artísticos começaram a acontecer. Existiu muita afinidade musical e muita afinidade de ideias. Nesse contexto, a gente começou a se transar artisticamente. Foi uma fase de conhecimento estético, conceitual, lírico, poético, musical e filosófico muito profundo. Num momento que não tinha a exposição de hoje, um momento de muito romantismo e muita espontaneidade artística. Não existia o ambiente empresarial, nem pensávamos nisso, algo que muda bastante as relações. Era um ambiente genuinamente artístico. Era muito gostoso!

E, nessa leva, fizemos *Mulher* (2015) e *Bixa* (2017). Os dois discos praticamente já estavam prontos, depois apareceram as músicas "Mix" e depois apareceu "Drama", mas as outras músicas praticamente estavam todas prontas.

A preguiça é lenda, Macunaíma
O beijo estralado da cocaína
Disciplina na sala tem cafeína
Imã, irmã da rima
A palavra gruda
Não se iluda, mas se iluda
("Mix", Raquel Virgínia)

Meu trabalho cotidiano é o de defender meu espaço. Todo dia tenho que fazer isso. É preciso ter, diariamente, um posicionamento antirracista numa sociedade que não privilegia nunca as pessoas negras, ainda mais quando elas têm propensão forte ao protagonismo, à propagação de ideias. A branquitude, instintivamente, por uma questão de código secular entre eles, te boicota. Vigiar esses boicotes também faz parte da minha militância, porque o racismo é sofisticado e temos que desenvolver uma sensibilidade pra detectar essa sofisticação e miná-la. Às vezes mino com sutilidade; às vezes, como um trator.

Sou isso: poucas ideias!

ASSUCENA ASSUCENA:
Sou dama de paus

Meu nome de registro é Paulo Philipe, mas sou Assucena Assucena desde que me entendo por gente, embora esse nome tenha vindo depois. Nasci em Vitória da Conquista, Bahia, em 1989. Com meus 8 anos de idade, já tinha todo um jogo de corpo, todo um jeito feminino que sabia que não poderia ser mostrado socialmente. Então eu dançava a dança da hipocrisia de nossa sociedade.

Assucena é a externalização daquilo que já havia nascido. Eu me lembro muito bem a primeira vez que minha mãe falou sobre a Roberta Close em casa. Comentou que ela era homem e que virou mulher. Eu, uma criança, sentada no chão, brincando, recordo de tê-la olhado com um brilho nos olhos ao ouvir sobre essa possibilidade. Ou seja, havia a possibilidade de atravessar a fronteira e de ser outra coisa. Na realidade, de ser o que eu realmente era.

O que eu vejo no espelho não sou eu

A pior dor é a dor biológica. A dor de saber que o seu eu é naturalizado pelo seu corpo, algo que você não pôde escolher. O que eu vejo no espelho não sou eu. Se um desavisado perguntar "O que é que você está vendo?", respondo: "Um espelho". Embora esteja no espelho, aquilo não sou eu, é minha imagem refletida lá. É um perigo enorme você achar que aquilo é você. Quem é você na foto 3×4? Não é você. É a sua foto. Tem uma canção que estou compondo, um samba que ainda não está pronto, e diz assim:

O que eu vejo no espelho não sou eu
O que eu vejo no espelho não sou eu
É a imagem das ideias dos homens a me olhar
Num rosto inerte e invertido do olhar...

Até você compreender que não nasceu num corpo errado, é um processo imenso. Não existe o sexo biológico, existe o sexo. Ser mulher e ser homem é uma questão de entendimento de sua identidade na sua relação com o mundo. Você se identifica com um universo, se identifica com relações. É claro que a naturalização desse ser biológico foi se fazendo num momento em que não sabemos nem aferir. Podemos ir até Adão e Eva, ou até "Pecado original" (1993), do Caetano Veloso: "Todo dia, toda noite/ Toda hora, toda madrugada/ Momento e manhã/ Todo mundo, todos os segundos do minuto/ Vivem a eternidade da maçã/ Tempo da serpente nossa irmã". Entretanto, o Caetano canta: "a gente não sabe o lugar certo de colocar o desejo", porque "todo homem, todo lobisomem, sabe a imensidão da fome que tem de viver". Mas todo mundo sabe "que essa fome é mesmo grande/ Até maior que o medo de morrer/ Mas a gente nunca sabe mesmo o que quer uma mulher".

Ser mulher nesse meio trans é descobrir e arcar com uma série de consequências. É trazer a Lua para dentro de si. É trazer a estrela Sol para dentro de si. O Sol, antes de ser o Sol, é uma estrela, né? Sou menos mulher porque na fecundação não fui formada biologicamente pelo duplo X? Esse é o X da questão.

O anexo, o nexo, o X da nossa dor

"Jaqueta Amarela" (2015) é a música mais cara e dolorida para mim. Eu estava, em uma noite chuvosa de sexta-feira, abandonada pelo meu maior caso de amor, ouvindo Amy Winehouse e Janis Joplin e queria compor um *blues*. A jaqueta amarela estava sobre a cama como uma natureza morta. Era alguém que estava ali, a forma daquela pessoa era a ausência. Aquele espaço de um quarto ocupado pela ausência. A porta e a janela estavam abertas, eu via a chuva lá fora, e o tempo todo tentava sair do meu amor burguês e pensar que alguém naquele instante sofria mais do que eu.

Sem jaqueta amarela
Igual um despedaço de amor
Que em cada canto de um teto
Destila a caçada do afeto
Em cada cor, cada carro
Cada barro de pele, num jarro de flor

Cada sarro que mele a pinga
Cada cama que não me ama, ama, ama, ama.
("Uma canção pra você (Jaqueta amarela)", Assucena Assucena)

Aí de novo o eu lírico volta para aquilo que martela seu amor: "eu vou cantar uma canção pra você...". E a música é um eterno retorno, ela sai e volta, sai e volta...

Comecei essa canção em São Paulo e terminei em Vitória da Conquista. A verdade é que nessa música tem muita dor da menina que tentava ter uma boceta. A questão do sexo biológico é que a boceta seria a representação do que eu poderia ter, se eu a tivesse em meu corpo. Poderia ter qualquer homem heterossexual. Qualquer não, mas muitos deles, se eu a tivesse.

A genitália foi um marcador na minha vida. Passei pelo processo de circuncisão enquanto judia, o que é uma aliança descrita na Torá: todo filho homem descendente de Abraão precisa se circuncisar. Mas a genitália se expõe o tempo todo nas relações. Está na nossa roupa, na nossa maquiagem, por exemplo. A transgeneridade é a transgressão dessa genitália, dessas relações genitais.

Quem nos media, dia a dia?
O nosso sexo, amor?
O anexo, o nexo, o X da nossa dor?
("Uma canção pra você (Jaqueta Amarela)", Assucena Assucena)

A humanidade se fez pelas relações genitais que é a divisão sexual do gênero. É um absurdo, pois essas relações genitais não precisavam sair do corpo, mas elas saem e se são relacionadas à competência da mulher; do homem, à relação é de força. E é tudo uma mentira essa desigualdade que dizem da força em relação à mulher. E as Amazonas que mutilavam o peito para atirar melhor a flecha? Se isso não é força, o que é? E a dor do parto? O que se pode falar de corpo é masculino e feminino, agora o ser mulher e ser homem é outra coisa.

Minha dor maior é que me consideram uma antinatureza. Eu não sou uma antinatureza, eu sou a natureza. Essa é a minha natureza. A antinatureza, na realidade, é a doutrinação dos corpos de acordo com a genitália. Isso é antinatural, e por que é antinatural? Porque você tem uma série de mecanismos sociológicos, filosóficos, religiosos que tentam doutrinar o corpo. Na medida em que você nega suas relações de identidade, suas relações energéticas de ser mulher e de ser homem, você nega também a natureza. Aí está a negação da natureza, pois você se traveste daquilo que você não é. Existem muitas travestis e muitos travestis por aí, pessoas que vestiram o dominó que estava errado, que se fizeram por aquilo que não eram e acreditaram e se tornaram aquilo.

Eu não sou uma antinatureza. Eu sou a natureza. O meu desejo é que isso seja natural para que eu possa ser e estar.

O dominó que vestia era errado

Comecei, desde muito nova, a jogar a dança psicológica em relação às piadinhas e às repreensões. Todas no sentido de domesticar meu corpo. Todas compõem um conjunto de normas de gênero. É algo muito cruel, e nunca me senti parte da identidade masculina. Em alguns momentos até que sim, pois há coisas que são simplesmente humanas. Algumas vezes foi muito bom estar com os meninos, mas eu preferia estar com as meninas, porque na maioria das vezes era horrível estar com eles.

Certa vez, enquanto gravávamos para um programa de TV, em 2017, comentei com a Daniela Mercury que meu pai me levava para o futebol. Para o baba! É como a gente da Bahia chama o futebol. Ela logo entendeu, mas acho que as outras pessoas não sabiam dessa coisa de baba! Eu ia, começava o jogo e até jogava o baba com os meninos. Mas logo estava eu, lá no campo, imitando a Whitney Houston. Meu pai só passava vergonha comigo. Um dia, depois do baba, ele me chamou no canto e disse: "Toma jeito de homem, rapaz! Como é que eu te levo para o futebol e você fica imitando a Whitney Houston? Onde é que já se viu!".

Naquele dia, levei um dos maiores esporros da minha vida. Mas foi uma agressividade coerente às normas que fazem parte do mundo patriarcal, que é superagressivo. Tanto que é o mundo que se constrói pela beligerância: o estado é bélico, a relações são bélicas, os homens se comportam de forma bélica. E como o poder não vem apenas de cima para baixo – na verdade ele se estrutura, dentro das pequenas estruturas –, então o poder está aqui, agora. Ele se manifesta aqui e agora, na sua casa, dentro das relações arquitetônicas da família, numa casa onde o pai se senta na cabeceira da mesa, nas escolhas e na maneira que a mulher agrada o marido. Na família patriarcal, na arquitetura do lar, o poder é do pai.

Quantos tempos teceram teus vestidos de lã?

Minha família desceu da região Norte para a Bahia em clã. É comum na família judaica não migrar apenas pai, mãe e filho. Desceu um clã inteiro para Vitória da Conquista: tios, tias, avós, primos, o que é impressionante. O que sei é que eles migraram entre 1890 e 1910 do Marrocos para o Belém do Pará, na época da Ascensão da Borracha, quando uma grande quantidade de judeus marroquinos foram trabalhar em Belém do Pará e em Manaus. São judeus sefarditas, do norte da África.

Venho de uma família tradicional religiosa constituída de pai e mãe. Minha mãe foi ensinada a ser submissa, por descender de uma cultura judaica muito profunda. Quando digo profunda, me refiro ao fato de não saber aferir o quanto até mesmo meu modo de vestir tem a ver com os hábitos de minha família. Por exemplo, não consigo me desnudar tanto. Olha que eu gosto, mas faz com que me sinta muito aberta, o que creio ser uma questão cultural mesmo.

Minha mãe foi uma mulher do lar, de profissão dona de casa. Estava sempre a cozinhar, a manter a casa asseada, as panelas bem-lustradas. Como é uma família judaica, a limpeza da casa tinha que ser feita com muito esmero antes do pôr do sol da sexta-feira. A casa tinha de estar bem limpa todo sábado pela manhã. Todos os outros dias da semana, a casa era cuidadosamente revisitada em sua limpeza, e era minha mãe quem cuidava de tudo, mesmo que tivesse uma empregada doméstica.

Ela nasceu em uma família muito pobre e conseguiu ascender socialmente quando se casou com meu pai. Quando nova, chegou a ser empregada doméstica de uma família de sírio-libaneses na minha cidade, a família Sufi. Eles são donos de vários comércios em Vitória da Conquista. Minha mãe era então empregada doméstica da casa de Said Sufi e Ali Sufi, sendo uma moça judia!

Minha avó teve onze filhos, ou seja, tenho uma família muito grande na qual todos os filhos tinham que trabalhar desde muito cedo. Meu pai é um comerciante que abriu uma empresa de informática no período em que o computador estava chegando ao Brasil. Eles foram responsáveis por informatizar e prestar serviços para o Banco do Brasil na época, anos 1960, e cresceram financeiramente. Os dois se gostavam, mas o casamento foi arranjado. No princípio era comum, estamos falando de uma tradição. Minha mãe foi criada para casar e para ser do lar, como todas as minhas tias.

> *E dum traje contido, de branco e grinalda na média,*
> *Abusaram o desejo do corpo e teu sonho trajou de tragédia.*
> *Menina de saia de gozo pré-extinto.*
> *Quantos tempos bordaram o calado bordel de teu instinto?*
> *Mães de Jesus, oh virgens, todas virgens!"*
> ("Apologia às Virgens Mães", Assucena Assucena)

Tivemos um caso de uma tia que engravidou e foi mãe solteira. Foi um escarcéu! Ela era a mais nova. Todas as minhas tias foram casadas, e até hoje nenhuma se divorciou, mesmo com os sofrimentos que vêm a tira colo em algumas uniões. O casamento é um princípio e um ônus. Quase que o ônus do pecado original dado a Eva e que todo descendente de Eva tem que carregar até o fim de seus dias. É revoltante quando penso na submissão dessas mulheres... Mas, ao mesmo tempo, elas são um símbolo de força muito grande, porque têm que ser muito forte para aguentar a negação de sua própria existência e ceder o espaço de ser. O que é negar a própria existência?

Conheceram-me logo pelo que eu não era

Por isso que eu falo que o dominó que vesti era errado. "Conheceram-me logo pelo o que eu não era" significa o fazimento do eu pela negação. Ou seja, eu me fiz pelo que não era. Mas eu me fiz e vou continuando a ser.

Não há outra palavra senão hipocrisia para descrever nossa sociedade com uma palavra-chave. Uma sociedade de máscaras. Quando me vi sendo o que eu era, percebi que até então estava mascarada. Extremamente mascarada! Não que não tenhamos nossa *persona* dentro do cotidiano, mas não é a máscara no sentido psíquico de *persona*, é no sentido de hipocrisia mesmo. A família burguesa é extremamente hipócrita. Estão por aí os maridos pensando em trair a esposa, esposa pensando em trair o marido, gente consumindo filme pornô o tempo todo. A putaria está rolando solta nas cabeças e nas ações às escondidas. Os pecados estão acontecendo o tempo todo, assim como os jogos de poder, as mentiras, mas ser viado é que não pode! É muita hipocrisia!

Eu sou a natureza

A poesia foi a saída que encontrei para abrir minha percepção, porque sempre fui uma pessoa de muita fé. A relação com a leitura começou com a Torá, que nós, judeus, conhecemos como Bíblia, além do Tanach, que é todo velho testamento para os cristãos, e o que chamamos de Tehilim, os salmos. Sempre fui muito religiosa e sempre rezei muito. Tenho na memória alguns salmos decorados: "Aquele que habita no esconderijo do Altíssimo, na sombra do Onipotente, descansará bem. Direi do Senhor, Ele é meu D'us, meu refúgio, minha fortaleza, Nele confiarei".

Eram rezas que eu fazia diariamente e em hebraico era mais bonito ainda. Cada família fazia a seu modo, existem as tradições específicas. E eu fui muito religiosa por toda a infância e adolescência. Mas também sempre tive uma inclinação para transgredir as normas, para me impor diante das portas fechadas. Tem um episódio da infância em que eu e meu primo fomos impedidos de entrar na casa de um amigo do meu pai. Queríamos ir até a casa dele, mas ele fechou a porta para nós. Talvez porque fôssemos crianças terríveis... Então, subi no telhado e comecei a destelhar a casa dele. Sem pudor algum, urinei no buraco que tinha aberto. Acharam que era goteira!

A adolescência foi a pior fase da minha vida. Primeiro porque sempre fui muito romântica, sempre me apaixonei muito. Amava estar apaixonada e sonhar com um amor perfeito, ideal. Tinha muito ciúmes de romances e de comédias românticas. E, como as outras meninas, queria sonhar em ter o cara perfeito, o amor perfeito. Sempre fui muito sonhadora nesse sentido, sempre esperei isso. Era um caos minha cabeça, porque não podia contar para minhas amigas que eu estava apaixonada. Isso doía tanto! Era linda a maneira como elas falavam dos meninos, e eu não podia sequer falar que eles eram bonitos.

Todo mundo via que eu era afeminada. Era chamada de viado o tempo todo. Teve uma época na escola que os meninos me obrigaram a entrar no carro para me levar para um bordel, para ver se uma prostituta me tirava a virgindade, para ver se meu pau subia. Mas não conseguiram o que queriam, porque comecei a gritar na porta do bordel e voltei para o carro. Soltei a bicha louca!

Era muito difícil aguentar essa hipocrisia. As pessoas estão vendo que você é outra coisa e te machucam por isso, elas te massacram por isso.

Sempre me lembro de um excerto do livro *Memórias do Subsolo* (1864), do escritor russo Dostoiévski. Muito me marcou quando ele fala de um camundongo. Há o camundongo e há os homens de ação. Esse camundongo parece ter em torno de si perguntas e mais perguntas, e dessas perguntas se fazem novas questões. E essas questões que vão surgindo na cabeça dele são como uma lama fétida, que ele vai acumulando em torno de si e cresce ao seu redor. E, além dessa lama fétida, surgem em torno desse camundongo os homens de ação, que cospem e escarram em profusão sobre ele. O que esse camundongo faz é dar um sorriso de "fictício desprezo, que nem ele mesmo acredita. Sua pata a se esgueirar na fenda e a descer ao subsolo".

Eu era esse camundongo. E é nesse lugar que querem nos colocar o tempo todo. Resignação e ralo. E o pior de tudo é que não só os homens de ação nos empurram para esse lugar, mas a gente se empurra também, com nossas construções, com aquilo que fazem com a nossa cabeça.

Acabamos acumulando em torno de nós essa lama fétida. Ou seja, nosso *status quo* é aquele do camundongo. É como se eu fosse isso, o espaço da marginalização total. Da sujeira. Anti-higiênico. Da imundice. Quantas vezes já não me senti assim? E parece que você é capaz de qualquer imundice, parece que pode roubar, matar. Colocam você em um estágio ontológico dentro de uma ótica moral. Quer dizer que o fato de eu ser assim me insere num caráter imundo, dentro dessa lógica moral que quer tornar meu caráter imundo. Uma vez trans, eu já posso assassinar. Uma vez trans, eu já sou desonesta... É quase que uma relação ontológica, própria do ser. Isso dói muito.

O que é louco é que quase concordei com isso, com essas premissas, com essas naturalizações. Então, eu pensava: como assim eu não posso andar mais com D'us? (O mesmo que Deus; para os judeus não se pronuncia seu nome completo.) Isso doía muito porque eu não podia falar com D'us por causa do meu desejo, como se estivesse em um estado de pecado constante. E, para que eu não me sentisse mais como esse camundongo, na minha adolescência, eu rezava e fazia campanha para D'us me transformar em mulher todos os dias. Se a fé podia transformar todas as coisas, eu poderia acordar num corpo feminino.

Todos os dias eu rezava muito, entrava no meu quarto e gritava no travesseiro para ninguém ouvir. Eu era muito infeliz fora do meu quarto. Dentro dele, eu era Assucena e clamava muito por D'us, falava como eu queria ser. Todas as noites dormia com a esperança de acordar com uma vagina em mim. No outro dia, acordava e ia ver se tinha acontecido, se D'us havia me transformado em mulher, no sentido biológico. Eu criei a ideia de que isto poderia acontecer, de que o Eterno, que abriu o Mar Vermelho, o Eterno que fez maravilhas, nas quais eu acredito, poderia fazer isso por mim. Era como se, num passe de mágica, Ele faria que meu corpo fosse outro.

Em cada desejo frustrado e com tanta opressão, fui encontrando saídas para sobreviver e uma delas foi mentir para minha família e me mudar para São Paulo. Foi um recurso de respiro. Não era só um respiro da minha família, era um respiro da minha cidade, do lugar onde não podia externalizar minha interioridade, que já estava em estado de latência.

Como um ponto após um outro ponto, outro ponto se vai andar

Mudei para São Paulo em 2007 com minha irmã, que ia estudar também. Ela veio fazer Direito, depois desistiu e foi fazer Teologia. Eu falei para minha família que tinha passado na faculdade de Economia da USP, na FEA. Na realidade, eu tinha me matriculado no cursinho pré-vestibular da FEA, mas como era na própria Faculdade de Economia e Administração, menti. Foi uma maneira de sair. Quando passei, de fato, no vestibular, em 2011, e contei que estava fazendo História, meus pais enlouqueceram.

Ir para São Paulo foi um respiro grande. Ali houve uma desconstrução de D'us na minha cabeça, para inclusive poder voltar a acreditar Nele. Sabia que ia poder acreditar Nele de novo. Quando se tem uma religião ancestral, é algo muito forte, maior até que você.

Passei por uma fase ateística na minha vida, que foi necessária. Foi quando pensei naquele D'us que estava olhando para minha sexualidade, para meu gênero, para meu ser como se fosse um pecado contínuo. Ele acabou. Houve uma época em que eu colocava Nele a culpa de ser quem eu era. Se a onipotência e a onisciência são atributos só de D'us, se Ele sabia de todas as coisas, Ele sabia de mim. Ele sabia que aquilo que existia em mim era genuíno e bonito, que eu podia amar sendo quem eu era. Ele sabia que eu podia ser uma pessoa boa sendo quem eu era.

Então transferi essa relação de culpa para Ele. Essa relação que vinha do judaísmo. A culpa no judaísmo é transferida para o animal por meio dos sacrifícios. Antes da cerimônia do Yom Kippur (Dia do Perdão, uma das datas mais importantes do calendário judaico), tem a Kaparrot, uma cerimônia litúrgica na qual se passa uma galinha pelo corpo e ao redor da cabeça por sete vezes para expurgar os pecados, transferir os pecados para o animal que será sacrificado. O sacrifício de animais é um aspecto da religião judaica que existe até hoje, mas em menor quantidade, por falta do templo. Mas antes era a ovelha, o cordeiro, as premissas, os alimentos, as oferendas... Os judeus procuram esconder para não sofrer o estigma como o Candomblé, por exemplo. Aos poucos, fui expurgando essa culpa ao meu modo.

O tempo de cursinho foi uma fase de reflexão muito profunda. E de muita dor. Quando me mudei, estava apaixonada por um garoto da Bahia e sofria muito, porque não conseguia esquecê-lo. Sempre fui muito apaixonada. Quando amo, amo de verdade. Pergunte para todos que eu amei! E em São Paulo conheci o grande amor da minha vida. Acho que foi a pessoa que mais amei no sentido de ter modificado em mim muita coisa, de ter sido no momento mais revolucionário para mim enquanto pessoa. Por isso foi tão forte.

Foi no momento em que eu estava fazendo as canções para o disco *Mulher* (2015). Cheguei a fazer uma canção chamada "Rebelar", que ainda não saiu, fiz "Sua Tez", que está no disco *Bixa* (2017). E a "Jaqueta Amarela" tem dono, e é esse amor.

Fora isso, veio junto minha desconstrução de D'us num estado de desilusão profunda. A ideia de D'us não foi uma volta consciente. De repente, eu estava acreditando de novo. "*Shemah Yisrael, Adonai Elohenu*

Adonai Echad": Ouça Israel, o Senhor de Israel é um". É o princípio da fé judaica que eu retomei. E é lindo, porque não nega a existência de outros deuses, como faz o cristianismo, mas diz que o D'us de Israel é um. E ele voltou para mim.

A flor mais bonita do sertão

Assucena é um nome que minha mãe gostava da época que assistíamos a novela *Tropicaliente* (TV Globo, 1994). Era uma novela com nomes muito bonitos. Assucena era o nome da personagem da Carolina Dieckmann. Penso hoje que de um modo ou de outro, minha mãe me nomeou duas vezes. Sem contar o fato de Assucena ser considerada a rosa mais bonita do sertão.

Escolhi a duplicidade do nome por entender a própria duplicidade do ser, sou geminiana. Além da sonoridade, que acho poética. O jeito baiano tem aquela coisa também de chamar o nome da pessoa duas vezes quando vai ralhar com ela. Fico pensando no dia em que a minha mãe vai dizer, com aquele tom de chamar a atenção, "Assucena Assucena, hein!".

Minha musicalidade tem toda uma relação com o cancioneiro popular da Bahia, do Sertão da Bahia, Xangai, Elomar, entre outros. Assim como com a Ofra Haza, que é uma cantora judia. Tem relação também com Whitney Houston, com as canções religiosas em hebraico. O próprio melisma (trecho melódico com várias notas para uma mesma sílaba), que é um recurso de voz que uso muito, vem de rezas judaicas.

Na minha casa sempre teve vitrola, meu pai gostava da Jovem Guarda. Tanto que na infância ouvi muito mais Roberto Carlos e Erasmo do que Caetano e Gil, Gal ou Bethânia. Cresci numa cidade baiana com clima de interior, onde os carros circulavam com som em alto volume. Lá, dirigir com o som alto é demonstração de ostentação. Não é mentira quando dizem que baiano não nasce, baiano estreia! A Bahia tem uma relação com a musicalidade muito grande.

Minha tia ia lavar o carro do meu pai e colocava o som alto. Ia lavar o carro na rua com a mangueira e sensualizava, dançava o É o Tchan. Eu me inspirava e a imitava. Existia até uma troca de olhares de cumplicidade entre nós duas. Nesse sentido, cresci no meio de um contexto musical muito grande.

Minha irmã, que é mais velha que eu, canta e canta muito bem. Então sempre tivemos um elo comparativo de afinação, a gente sempre se viu como um espelho, o que foi muito bom. Tive minha fase de cantar na igreja também, meu começo na música. Foi uma fase dolorida, porque era uma igreja evangélica, a Assembleia de Deus. Isso na Bahia. Minha família é judia, mas muitos se converteram à religião evangélica, e eu passei por essa fase.

Quando cheguei em São Paulo, tinha desistido da música, decidi que ia seguir carreira acadêmica, mestrado em Filosofia da História. Quem me traz a possibilidade de cantar de novo é Gal Costa. Gal é como a luz no fim do túnel, que me tirou da depressão e me fez voltar a me empolgar com a música.

Os principais discos para mim foram *Fa-tal* (1971) e *Gal canta Caymmi* (1976). Em 2011, a Raquel Virgínia me mostrou um vídeo da Gal cantando "Da Maior Importância" nos anos 1970, de pernas abertas e com o violão. Ficamos tão impressionadas que nós duas voltamos a pensar na possibilidade de cantar. E nos encontrávamos com frequência na casa do Rafa (Rafael Acerbi) só para ouvir Gal, entre bebidas, cigarros e muita criação. Foi revolucionário ouvir Gal Costa.

As novas baianas

Conheci a Bahia (apelido de Raquel Virgínia) na faculdade de História, quando uma amiga perguntou para mim: "Ah, você também é Bahia, né? Sabia que aqui tem outra Bahia? Ela é uma bixona!". Ri e quando vi Bahia pela primeira vez, liguei o apelido à pessoa por conta dessa característica atribuída pela minha amiga. Ela estava passando pela Praça do Relógio na USP, e eu chamei: "Ei, você que é Bahia?", e ela veio "Sim, sou Bahia!".

A Bahia, essa terra de todos os cantos e santos, nos uniu de alguma forma! Ali, a gente se falou rápido, mas depois acabamos pegando as mesmas matérias na faculdade e nos aproximando. Antes de começar a aula, a Raquel ficava na frente da sala quase que num *stand up comedy*, contando seus casos de cotidiano. Foi assim que a gente foi se reconhecendo.

Um dia, Rafa levou o violão para as mesinhas que ficavam no vão do prédio de História, e a gente começou a cantar. Cantei "Sozinho" (1997) do Peninha, na interpretação do Caetano, e a Raquel cantou "Jorge Maravilha" (1969), do Chico Buarque. Bem assim, eu romântica, e a Raquel avassaladora. Todo mundo ao redor foi à loucura! A partir daquele momento, começa nossa parceria, eu, Raquel e Rafa. O triângulo, Bahia, São Paulo e Minas.

O disco *Mulher* (2015) se confunde com nossa transição. Aquele encontro furtivo foi a semente, mas o disco começou a ser gestado em 2012. Foi um ano em que estávamos em uma fase de profunda depressão, extremamente depressivas. E as composições vieram nesse turbilhão emocional. Ao passo que foram acontecendo, também surge a externalização da nossa feminilidade, da nossa mulheridade, da nossa identidade, do jeito de se vestir. Nós duas produzíamos ao mesmo tempo. Tivemos sempre uma relação muito forte de empatia e nos tornamos amigas muito naturalmente.

Juntas, fomos descobrindo esse ser mulher. Lembro a primeira vez que saímos para comprar vestidos, em 2012. Foi uma aventura! Nesses anos de USP, participamos da gestão do centro acadêmico da faculdade de História e organizamos saraus. A morte de Amy Winehouse (2011) também foi um marco para o início de nossa carreira. Inicialmente, éramos o grupo Preto por Preto, inspiradas por *Back to Black*, da Amy.

Depois o Rafa trouxe um pessoal de Poços de Caldas, de Minas Gerais, e formamos uma banda inteiramente mineira para tocar num sarau erótico da faculdade de História. A Raquel sempre foi mais pra frente, eu demorei um pouco a me colocar totalmente como uma mulher.

A poesia do Fernando Pessoa, do Carlos Drummond de Andrade e a prosa do Guimarães Rosa também foram muito importantes nesse período de afirmação. Todos são fundamentais na minha vida. Tem um poema do Pessoa (do livro *Mensagem*, 1934) que foi marcante para mim:

Ó mar salgado, quanto do teu sal
São lágrimas de Portugal!
Por ti cruzarmos, quantas mães choraram,
Quantos filhos em vão rezaram!
Quantas noivas ficaram por casar
Para que fosses nosso, ó mar!

Valeu a pena? Tudo vale a pena
Quando a alma não é pequena.
Quem quer passar além do Bojador
Tem que passar além da dor.
Deus ao mar o perigo e o abismo deu,
Mas nele é que espelhou o céu
("Mar Português", Fernando Pessoa)

Eu falava para mim mesma: vai doer, vai doer. Pensava na minha família o tempo todo. Vai doer? Vai. Vai ser constrangedor? Vai. Mas quem quiser passar além do bojador, tem que passar além da dor! É perigoso? É! Vinha Guimarães Rosa dizendo "Viver é muito perigoso". Mas quem quiser passar além do bojador, tem que passar além da dor! Então me disse: Assucena Assucena.

Como cantoras, só existem Raquel e Assucena a partir do encontro com Gal Costa. Um encontro musical, artístico, estético. A gente se reunia, ouvia Gal a madrugada inteira e entendia o processo estético da construção de cada disco dela. Foi um grande encontro.

Eu, apaixonada por um colega de faculdade, que ora parecia corresponder, ora parecia estar bloqueado por um medo total de se envolver com alguém como eu. O afeto é sempre uma questão para uma mulher trans. Nossas experiências sexuais são carregadas pela marca do escondido, da perversão, às escuras. Já levei tapa na cara, porque um cara achou que eu estava dando em cima dele. Já fui expulsa de uma festa, porque estava ficando com um garoto no quarto. Os amigos dele começaram a esmurrar a porta e me acusaram de pervertê-lo. É como se fôssemos uma ameaça constante, provocando desejo e repulsa ao mesmo tempo.

Muito do que compus tem a ver com esse amor quase impossível, esse amor que, para mim, é romântico. E tem outros amores, que são minhas musas inspiradoras, ou melhor, musos! Tem "Melancolia" (2015), na qual falo da solidão que me acompanha. E compus um rock para *Bixa* (2017), chamado "Tendão de Aquiles", que diz assim:

Eu sei de mim o que sei do mundo
Todo mundo desfacelado pelo eixo imundo

E luminoso da razão
Pela face negada para fundar em si
A máscara anunciada
Pelo sabor alheio da canção
Por não poder falar de amor no verso eu calo
Com beijos e carícias
Sou a flecha que acerta o calo e o calcanhar
De aquilo que te funda
O que no fundo é imortal
Pra te quereres, hein?
Quando nunca te esperei o mal

Mulher foi um processo de reconhecimento. *Bixa* é afirmação. Talvez também um ponto final para As Bahias e a Cozinha Mineira. Ou apenas um interdito. A carreira solo virá e é muito natural para nós, tanto que encaramos As Bahias como um momento, como foram os Secos & Molhados nos anos 1970. A caminhada solo também pode ser um momento para depois voltarem As Bahias... São projetos futuros, apontamentos. Eu quero pegar outras composições de outras pessoas, tenho algumas composições que não estão n'As Bahias. Não sei muito o que será daqui para frente. Eu sei e não sei.

PAULO PEIXOTO

RICO DALASAM:
*Orgunga,
orgulho negro gay*

Meu nome é Jefferson Ricardo da Silva, nasci em 1989, no Taboão da Serra, zona oeste de São Paulo, o mais novo de quatro irmãos. Minha mãe é da Bahia, veio de lá com 13 anos, trabalhando por moradia. Meu pai é um fator inexistente em minha vida, faleceu quando eu era muito pequeno, a ponto de não me lembrar dele. Meu irmão mais velho foi minha figura paterna.

Moramos muito tempo com minha mãe numa rua sem saída, sem asfalto, sem esgoto, em apenas um cômodo. Tempos depois a infraestrutura foi chegando, minha mãe construiu mais dois cômodos, meu irmão mais velho melhorou no trabalho e nossa vida mudou um pouco de condição.

Sempre estudei com bolsa em colégio particular, o que me formou em meio a contrastes, porque eu vivia no bairro onde todos os meus amigos estudavam em escola pública. Quando eu brincava na rua, todos eram da mesma cor que eu, não tinha problema, mas na escola eu era praticamente o único menino negro. Lembro de pensar, com culpa, que eu era algo errado ali no meio.

Meu brinquedo preferido era lápis de cor. Gostava de tudo que fosse manual, fazer origamis, crochê, tricô, desenhava roupas... Na oitava série, comecei a fazer modelagem, croquis, quando vi já sabia esboçar as roupas. Aos 13 anos, comecei a trabalhar como cabeleireiro, muito bom em tranças e cabelo crespo. Ao mesmo tempo, também passei a me interessar pelo rap, ouvindo Racionais MC's, Dina Di, porque me via naquelas rimas.

Saindo da escola, fiz um ano de faculdade de moda e depois fiz um curso técnico de audiovisual. Eu já trabalhava com cabelo, então trabalhei como assistente do maquiador e cabeleireiro Max Weber aos 18 anos. Quando menos esperava, estava no *backstage* da moda. O figurino do meu disco *Orgunga* (2016), por exemplo, eu mesmo fiz.

Não deito pra nada

O rap sempre me acompanhou de alguma forma. Com 12 anos já escrevia uns versos e aos 16, entre 2005 e 2008, passei a frequentar as

Batalhas de MC do metrô Santa Cruz, onde colavam rappers como o Emicida e o Rashid. Desde muito cedo, vi que sabia fazer rima e que tinha uma aptidão na relação com as palavras. Quando vi o rap, as batalhas de rap, os improvisos, eu disse para mim mesmo: "Eu dou conta desses desafios!".

Eu me lembro de um dia marcante nas batalhas quando um cara apareceu com um violão. Lá nunca teve violão, sempre uma caixa de som com a batida, ou sem caixa nem batida, só à capela. E ele começou a tocar um hino evangélico. Comecei a rimar e não parei. Fiquei quinze minutos rimando, e as pessoas piraram! Passei a treinar para me superar cada vez mais, para quando chegassem os sábados, eu mandasse as rimas mais cabreiras!

Esse close, eu dei

Ali, eu vi que deveria investir no meu talento. Quando resolvi compor, meu lema era o fervor. Pra mim, fervor é protesto. Minha música não é só para tocar na balada, na boate, é para transmitir a ideia de que, por meio do fervor, da alegria, dá pra transformar as coisas. Em 2014, lancei o primeiro single do meu EP, "Aceite-C". *BUM!* Mais de oitenta mil *views* no YouTube! Começaram a pipocar matérias dizendo que eu era o primeiro rapper gay a se assumir no país. Abri caminho em um meio ainda muito machista, mas estou aqui pra dizer que não dá pra esperar que alguém te aceite.

Mais que selo de boy
Vim pra ser seu man. Vem!
Paris, Nova Iorque
Olhe, no meu olhar tem, hein?
Muda esses teus lances prum romance nota cem.
Já me viu nas festas, já me viu com alguém.
Minha saga é de quem
Pegou dois busão e trem
pra faculdade, trampo porque a grana convém
Mistura o Brasil, Sri lanka e Barém

Quem vem da lama aqui não tem medo de rain.
("Aceite-C", Rico Dalasam)

Lancei o EP *Modo Diverso* em 2015. Para mim, significou a magia do que ainda não foi descoberto. Escrevi "Riquíssima" e depois gravei um clipe na Europa, pareceu profecia! Escrevi e fiz ser! Existia na época um fazer sem saber que era de fato mágico. *Orgunga* (2016) foi algo muito mais planejado, quis fazer uma síntese dos meus 26 anos, até então, e entregar. *Orgunga* é um pajubá meu, que significa "orgulho negro gay". Quis falar de ancestralidade, mas no caminho surgiu um romance em minha vida, vieram outras músicas e o repertório acabou tendo dois lados, um de afirmação racial, o outro romântico. Em *Balanga Raba* (2017), quis voltar com aquele estado de magia e do inesperado, bem mais livre, que me acompanhava no primeiro trabalho.

Eita, sou filho de mãe nordestina
Dei minha cara na medina
Pô, traição não combina
Eis aqui um negrinho cheio de querer
Trocando campos Elíseos
Por Champs Elysées
Cremes pra não envelhecer
Curtindo um Michael Bublé
No cash, sem miserê
Na maior diguinitê
("Riquíssima", Rico Dalasam)

Meu público não é apenas gay. Aliás, penso que para todos os artistas dessa cena musical, as pessoas vão aos shows porque se identificam com a música que cantamos. Vão as lésbicas, os gays, família com crianças, gente nova, gente velha, casal homo, casal hétero etc. Adolescentes que me veem como referência, ou procuram um acalanto, um ponto de vista próximo ao universo ainda inacabado deles, pois com 12-13 anos não se têm muitas certezas.

Pajubá

O pajubá é uma possibilidade infinita. A função do pajubá, de como existe essa linguagem e a função dela na nossa sociedade – estabelecendo uma relação entre o mundo gay, o mundo afrobrasileiro, no momento de ditadura militar que o país vivia quando ela surgiu – não são diferentes de agora. Ela tem o poder de ressignificar. Com o pajubá, temos a capacidade linguística de trazer nossas palavras e fazer com que tenham efeito no mundo. Nesse mundo heteronormativo, sempre nos falta uma palavra específica para dar conta do nosso universo. É como se referir a coisas inenarráveis.

Minha estética musical é muito aberta e fragmentada. Vou atrás de múltiplas referências. Olho para o rap nacional, para o pagode, para música árabe, para a música preta da América e conecto com a música do Norte e Nordeste brasileiro. É um misto de sonoridades. Quando componho, estou mais preocupado com o potencial de inovação, com aquilo que estou comunicando, do que com o potencial de identificação. Pensar no potencial de identificação do público, pode nos levar a fazer algo que nos remeta há 30 anos.

É muito comum ver a nova cena musical ser comparada o tempo todo com a Tropicália. Isso não está errado, não é ruim olhar e se voltar para trás, mas eu pretendo colocar na minha música algo que não vi e nem ouvi. Assim faço o trava-línguas com mensagens, com os refrãos. Às vezes comunico algo doloroso, mas com a batida alegre e viva. Muitas vezes a batida é densa, séria, mas estou falando de amor. Esse é o meu caminho, que está completamente aberto e em construção.

Alguns timbres de voz são referências para mim, como Alcione, o Tatau do Areketu, Emílio Santiago. Ouço muito pagode. Ouvia muito Michael Jackson e Daniela Mercury na infância. Na música "Aceite-C", usei o *sample* de "O Mais Belo dos Belos" (1992) da Daniela, música que marcou minha vida. Gosto muito de ouvir canções que tem um estilo de crônica, que narra um dilema ou um acontecimento cotidiano. Puxo um pouco disso. Também trago forte o pajubá, linguagens que eu mesmo crio. Tenho essa coisa de quebrar as palavras, de jogar com o trava-línguas.

Gosto de criar. Dalasam é minha maior criação. Dalasam significa Disponho Armas Libertárias A Sonhos Antes Mutilados. Essa frase define muito o que faço.

Negros, gays, rappers, quantos no brasil?
Deve haver vários
Tantos tão bons quanto os foda
Que rima uma cota
Tirando os que tão, né, e ninguém nota
("Dalasam", Rico Dalasam)

A primeira vez que eu gostei de um menino foi na sétima série. Gostei loucamente dele. Soube desde cedo que eu era gay. Não foi muito fácil para minha família aceitar, mas como eu já trabalhava desde os 13 anos e tirava meu sustento, a minha autonomia fez com que aquilo não fosse tão pesado. Existe uma busca na vida do gay, busca pela independência, como um sentimento de liberdade, de que se eu me viro, foda-se o que eu sou para quem quer que seja, principalmente para aquelas pessoas que tem o poder de afetar nossas emoções.

Penso: o que está sendo construído nesse mundo hétero? Conseguir quebrar o normativo é um caminho. O homem branco é o homem branco, o homem hétero é um homem hétero e para transformar esse homem, tirá-lo daquele lugar de privilégio, é uma força! O homem hétero, com uma perfeita percepção sobre sexualidade e gênero, é crucial no pensamento sobre a existência de todos nós, homens, mulheres, pessoas trans. Talvez seja só uma utopia. Enquanto isso, nossa luta continua sendo para existir e para não morrer.

LINIKER:
Deixa eu bagunçar você

LUIS SIGNORINI

Meu nome é Liniker de Barros Ferreira Campos, nasci em 1996. Nunca gostei muito de futebol, mas meu nome vem de Gary Lineker, craque da seleção da Inglaterra. Minha família é muito influente em Araraquara, porque é uma cidade muito negra. Um aspecto interessante de lá é o fato de as famílias se conhecerem pelo sobrenome. Eu sou da família Barros, que é muito conhecida na cidade por causa da minha bisavó, uma grande benzedeira, Dona Edwirgens. Meu avô e seu irmão eram músicos sanfoneiros; meu tio, cantor de samba; minha mãe foi do samba rock e dançava sempre nas rodas de Araraquara. Ela foi Miss Café Araraquara nos anos 1980. Foram todos muito influentes em minha vida, principalmente na veia artística.

Estive desde pequena muito envolvida na música, o que me deu norte para querer ser cantora, para compor minhas canções, para botar pra frente aquilo que eu acreditava. Minha mãe me criou sozinha, meu pai não ajudou em nada. Aquele pai que fez o filho e foi pro mundo. E ainda assim, ela sempre deu o máximo que pôde por mim. Era uma família pobre, de muita dignidade.

Minha mãe sempre deixou que eu fizesse tudo que queria em relação aos estudos, aos cursos que me interessavam. Fui uma criança muito independente. Tinha o apoio dela para tudo que quisesse fazer da vida. Comecei a ir pra escola sozinha aos 7 anos. Também fui uma criança muito religiosa. Não tinha uma religião definida, porque eu frequentava, ao mesmo tempo, o espiritismo, a igreja evangélica, fazia catequese, ia ao centro budista, sempre muito curiosa. E minha família tem raiz na umbanda e no candomblé. Fui batizada no terreiro.

O fato de ter sido criada como uma criança independente me trouxe muito mais para minhas próprias questões. De entender quem sou eu no mundo. A partir do momento em que senti que estava comigo no mundo, eu me vi plena em todos os lugares.

Ela é fera, transição, transpiração

Vivi em Araraquara até os 18 anos, trabalhando em várias coisas. Trabalhei como estoquista em uma loja das Havaianas. Fiz teatro e dança.

Comecei na dança com 14 anos e no teatro com 15, além de fazer sapateado por quatro anos. E, na maioridade, em 2014, resolvi que iria me mudar para Santo André, morar no grande ABC, para fazer a Escola Livre de Teatro.

Araraquara é um espaço muito opressor, e não sentia que ali eu poderia ser quem eu era. Ainda me tratava pelo gênero masculino, me definia como bixa. Quando me mudei, me vi em uma cidade totalmente cinza, individualista. Foi um baque! Ainda sem dinheiro, pois minha mãe não tinha uma estrutura pra me ajudar e meu pai nunca compareceu financeiramente. Precisei me virar, passei fome, não tinha grana para o aluguel. Vivia da Escola Livre de Teatro e do meu sonho. Só eu sei o quanto camelei pra chegar onde estou hoje!

A música vem desde a adolescência também. Com 16 anos, eu já compunha. E nessa trajetória de imersão no teatro, de entender como é que eu trabalhava em público, em cima do palco, cada vez mais senti a necessidade de sair por aí, de entender como me conectar comigo mesma. Essas primeiras composições viraram o disco *Remonta* (2016). Algumas pessoas sabiam que eu cantava, chegavam e diziam "Liniker canta, canta pra mim aquela música sua...". Era interessante ver como aquilo que eu cantava tocava naqueles que ouviam, se a pessoa chorava ou ria. Percebi como aquilo que eu produzia se ressignificava na outra pessoa.

No final de 2014, viajei de férias para Araraquara e lá encontrei os meninos da banda, que já eram meus amigos, os Caramelows. Por meses me dividi entre as duas cidades para dar conta do teatro e dos ensaios com a banda.

Fizemos o EP *Cru* (2015), decidimos gravar um vídeo com a música "Zero" em julho de 2015. Três meses depois, soltamos no YouTube. Estouramos! Foram um milhão de visualizações em cinco dias! Surreal. Algo que ainda tenho dificuldade de acreditar. De repente, um milhão de pessoas estavam ouvindo a gente! Ali bateu uma crise de ansiedade muito forte.

Ninguém ensina o que é se tornar uma figura pública do dia pra noite. Lembro da primeira vez que entrei no metrô e uma pessoa me reconheceu, começou a chorar e a tremer. Aquilo me assustou, não sabia como reagir. Lidar com isso hoje é entender o amor que a pessoa possa ter por mim, mas também respeitar meu espaço. Às vezes, percebo que tenho que negociar minha liberdade, e aí não faz sentido ser uma pessoa pública. A gente é gente. Além da cantora, além do lugar de representatividade onde me colocam, é uma representatividade mútua, porque me sinto representada pelo público diverso que me escuta, e preciso respeitar meu espaço.

A gente fica mordido, não fica?
Dente, lábio, teu jeito de olhar
Me lembro do beijo em teu pescoço
Do meu toque grosso, com medo de te transpassar
("Zero", Liniker)

O processo de descoberta da sexualidade e da minha identidade de gênero foi duro! Um processo difícil, mas quando a gente entende isso dentro da gente, quando a gente percebe que nosso eu também é o eu pra fora, sabe que as pessoas também precisam saber, precisam entender. Estou transgredindo, estou passando por uma transformação, o que leva a minha vida para um outro lugar. Fazer com que entendam isso é um longo e doloroso processo. Como chegar para minha mãe e dizer que não sou mais *o* Liniker? E é algo que não entendo em mim desde sempre, é algo que tenho descoberto cada dia, a partir do momento em que me dei o espaço para entender que eu sou essa pessoa, que existe esse outro pertencimento dentro de mim. É mexer com muitas coisas que não sabia que existiam em mim.

Em Araraquara, eu sabia que existiam travestis, mas não sabia da existência de mulheres trans, nem sabia de todos esses termos, mulheres trans, pessoas não binárias, pangêneros. A partir do momento em que comecei a obter informação a respeito disso, tudo o que descobri bateu no meu corpo. Comecei a pensar que eu talvez fosse aquilo, embora nunca soubesse. Essa chama, que antes estava escondida e duvidosa, começou a ficar um pouco mais clara. São descobertas que têm acontecido no meu dia a dia, o fato de que sou uma mulher trans, uma bixa trans. Mulher trans neste corpo que está em (trans)formação.

Houve também a influência de ter morado com a Linn (Linn da Quebrada) por dois anos. Foi um processo muito intenso de encontro pra ambas enquanto corpo. Linn sempre questionou o gênero, e as coisas que me angustiavam a respeito do meu corpo passaram a fazer sentido nesse nosso encontro. Nós não temos o mesmo sangue, mas somos irmãs de trajetória e estamos cada vez mais encontrando nosso espaço no mundo. Até hoje deitamos no colo uma da outra e refletimos sobre nossas angústias.

A personalidade dela era um tanto dividida
Parece poliana
Querendo o que é de frida
Queria a parte, outra da metade
O todo, o tudo, a casualidade
IIh, üh
("Lina X", Liniker)

Quando morava em Santo André, sempre saía montada. Ainda usava o bigode, mas estava sempre de batom e saia. Quando eu tinha que ir para Araraquara, gerava um conflito por estar vestida assim. Entrava no ônibus na rodoviária de Santo André usando saia, chegava em Araraquara, ia ao banheiro, trocava por uma calça jeans e limpava a boca pra tirar o batom.

Um dia, percebi que isso estava ficando muito frequente, eu estava apagando a minha história, me escondendo, me invisibilizando. Até que resolvi que não esconderia mais minhas saias da minha mãe, não iria mais omitir o fato de que sempre quis usar as coisas dela. A reação dela foi: "Ah, você está usando saia agora? Legal!". Depois desse dia em que deixei de me esconder, passei a me transformar.

Alô da Mata, vou querer meu batom
Quero azul, amarelo, verde, marrom
Quero ver as beau lacrando bonita
Não vai ter nenhum mané
Tombando nós nessa fita
("BoxOkê", Liniker com part. de Tássia Reis, Aeromoças e Tenistas Russas)

Minha mãe sempre foi muito questionadora e sempre respeitou meu espaço. Além da saia, comecei a chegar em casa maquiada. Teve um Natal em que maquiei todas as minhas tias. Até que um dia, voltando de ônibus para Santo André, abri minha bolsa e encontrei um rímel. Foi um presente deixado por minha mãe. Se a pessoa mais importante da minha vida estava me dando espaço para eu ser quem sou, sem me julgar, me respeitando, por que eu vou continuar me invisibilizando?

Bárbara Rosa

Ainda é um processo. A Bárbara Rosa tem um peso muito forte dentro da banda. Uma coisa que a gente descobriu em nossa coletividade, em nossa parceria, é que precisávamos nos cuidar. Vejo muito mais a banda do que minha própria família. Nossa relação é muito íntima. E minha relação com a Bárbara vem de antes da banda em si. Fizemos o colegial juntas em Araraquara, estudávamos na mesma sala. Matávamos aula pra tocar violão. Bárbara tinha uma banda de reggae, e eu sempre estava nos shows dela. Quando vi que a banda iria dar certo e que precisávamos de um *backing vocal*, a Bárbara foi a primeira pessoa em quem pensei. Ela tinha um espírito de amor muito forte! Estava sempre me dando força.

O que mais me deixa emocionada é que ela não desistiu. Apesar do câncer no útero, estava transbordando amor, transbordando alegria! A doença foi uma ferida totalmente feminina, mas ao mesmo tempo foi o processo no qual ela mais se empoderou enquanto mulher. Ela me deu estímulo para que eu me empoderasse junto com ela.

Era uma pessoa que tinha um câncer no útero e estava dando o máximo de energia no palco. Às vezes, ela cantava sentindo dor. Cantava passando mal. Bárbara fazia a quimioterapia na sexta, e no sábado ela estava inteira no palco. Depois ela sofria, mas quando estava no palco, estava totalmente inteira. Ela não queria expor a doença e respeitamos. Carregamos isso por quase um ano e, quando a morte dela veio, foi um baque! Foi um baque!

Entendemos que precisávamos cuidar da gente, que somos vulneráveis. Que as coisas na vida vêm e vão. Dá muita saudade! Lembro que um dia antes de ela falecer, fizemos um show em Bebedouro, no Circuito Cultural Paulista. Ela não foi, estava preocupada, porque iria fazer a quimioterapia. Isso foi dia 25 de junho de 2016, ela faleceu no dia 26. Terminamos de fazer a passagem de som, eu estava com a maior dor de cabeça, todo mundo ali estava esquisito, sentindo uns arrepios no palco. Era um dia em que eu estava triste. Não estava vendo sentido nas coisas. Achei que eu estava cansada e disse: "Não quero fazer o show hoje! Não estou bem!".

Bárbara amava reggae e naquele dia resolvemos cantar "Caeu" (2016) em reggae, do nada! Antes de entrar no show, sempre trocamos um axé entre nós. Nos olhamos e nivelamos nossa energia. Entrei no palco e gritei o nome dela. *Bárbara!* Em certo momento no show, apresentei a banda inteira. Disse que a Bárbara não estava ali porque estava envolvida em outro processo, mas, independente disso, estaria sempre com a gente.

Voltamos para Araraquara. Chegando lá, tive uma noite horrível, não dormi com um sono recheado de pesadelos. Às nove horas da manhã, Renata (*backing vocal*) abriu a porta do meu quarto e disse que a Bárbara havia falecido. Todo mundo sentiu muito. Um ano de banda, e a gente alcançando tudo que vinha alcançando... O que mais me conforta é que ela foi uma pessoa muito feliz. Ela cantou até o último dia.

O sol parou só pra te observar,
A lua e as estrelas quiseram acompanhar
Teu jeito de menina, teu sorriso de mulher
Eu vou cantar pra ela
("Pra ela", Liniker)

Passei pra dar um cheiro

O movimento negro é sempre uma referência pra mim. Cresci ouvindo tudo o que minha família ouvia. Tinha samba, pagode, samba rock. E ouço até hoje. Whitney Houston, Originais do Samba, Alcione, Elza Soares. Sou muito de gostar de ouvir a Velha Guarda. Gosto de ouvir Aretha Franklin, Etta James... E também toco um pouco de violão. Minha música é a música da intimidade. Quanto mais próximo ela chegar às pessoas sonoramente, pela letra, pela composição, mais contemplado eu vou estar.

Saber que hoje faço parte de um movimento e que também me espelho nesse movimento, é muito importante. Aprendemos muito umas com as outras. Algumas de nós colocamos o nome nessa cena musical de MPBeau, porque chamamos umas as outras de *beau*, bonita. Se estamos vindo com tanta força agora, com um discurso alinhado sobre desconstrução de gênero, militando por meio de nossa (re)existência, é porque outras pessoas abriram esse caminho lá atrás. De acordo com nossa contemporaneidade, reafirmamos e potencializamos esse movimento que vem de trás. Nossos corpos são corpos políticos.

Minha poesia nasce da intimidade. Canto muito sobre amor, mas falo pouco de amor, porque gostaria de vivê-lo mais. Sonho em ter um relacionamento, sonho em ter uma família, estar apaixonada. Isso não é errado! Mas meu amor é o lugar da espera. Ser uma mulher trans negra é passar por situações nas quais as pessoas não chegam em você. Ou, quando chegam, é para sexualizar, para objetificar.

Remonta é fruto de um amor por um melhor amigo na adolescência. Lembro que uma vez esse amigo esqueceu uma blusa em casa, e eu dormi cheirando a blusa dele. Foi quando descobri esse desejo. Comecei a escrever e a compor por causa desse sentimento. Mas a realidade é que me sinto muito só. No palco, estou exposta a muitas pessoas, mas, quando chego ao quarto de hotel, estou só. Hoje estou mais empoderada, quero escrever sobre outras coisas além do amor.

Como se não bastasse a guerra também
De te ver todo dia meu bem
Tem o dissabor dessa ferida, tem
Que germina na pele e insiste em ficar
Tem o dissabor dessa ferida, tem
Que germina na pele e insiste em ficar
("Remonta", Liniker)

Sabemos que o Brasil é o país que mais mata travestis e transexuais do mundo, que tem o maior número de violências contra LGBTQIs. É fundamental que estejamos ocupando lugares com nossa música, levando nossa arte para fora do país, mostrando que a gente existe fora dos lugares invisibilizados em que comumente nos colocam.

As grandes mídias veem que estamos em um movimento de não calar. Estamos falando de transfobia, de racismo, de preconceito. Não estamos deixando e não vamos deixar que as grandes mídias nos maquiem a seu bel prazer. Eu tenho um pé lá na esquina, não é nem um pé atrás! Sempre que sou convidada pra algo, pergunto pra que aquela produção quer que eu esteja em determinado veículo. É importante para mim ou vai ser importante pra ela? Não vou gravar um programa machista, um programa transfóbico, racista ou no qual a grade seja inteiramente masculina. Eu quero estar para ocupar com minha existência. Com minha existência política.

GUSTAVO LEMOS

SÃO YANTÓ:
Alguém segure esse homem

Meu nome é Lineker Henrique de Oliveira, nasci em 1987. Minha identidade de gênero é masculino, cis e sou gay. Sou do interior de Minas Gerais, cidade de Bambuí, que possui cerca de vinte mil habitantes.

Meu pai é bancário e minha mãe quase nunca trabalhou fora, cuidava da casa e dos filhos. Ela faleceu em 2009. Meu pai é católico fervoroso e, quando minha mãe faleceu, eu e ele nos aproximamos mais, a ponto de eu poder me abrir sobre minha sexualidade. Com o tempo, ele aprendeu a lidar com o fato de eu ser gay. Minha irmã se formou em Antropologia e trabalhou com travestis, o que abriu um campo de diálogo em casa sobre as questões de gênero e sexualidade.

Sempre tive muito apoio dos meus pais para ser cantor, para ser artista. Óbvio que a coisa foi para um lugar que meu pai não esperava... Fiz faculdade de música popular, na Unicamp. Acabei fazendo parte também da faculdade de dança, mas não fui matriculado, cursava disciplinas extracurriculares. Em seguida, fiz o mestrado em artes da cena e morei em Campinas de 2006 até o final de 2012.

Saí de casa com 18 anos para fazer faculdade de música, mas sempre fui cantor. Cresci cantando na igreja desde os 3 até os 18 anos. Meu pai queria que eu fosse cantor, fui criado para ser um cantor. Isso é muito claro. Ele toca violão até hoje na igreja e me colocou para acompanhá-lo desde pequeno, cantando. Apesar de todas as castrações que sofri por causa da igreja, era ali que eu cantava. Era só ali que eu podia cantar.

Cantar é a minha nudez

Não fazia aula de canto nem tinha lugar para fazer show na minha cidade. Meu show era a missa de todo domingo. Foi uma época bem tediosa e intensa também. No interior, não tinha nada para fazer com que eu me identificasse, então ficava inventando. Cantava música pop em casa, era o que tocava na rádio. Não tinha internet. O acesso à música era difícil, então eu só ouvia aquilo que chegava até mim.

Na adolescência, ouvia Madonna, Britney Spears, Christina Aguilera, Backstreet Boys. Quando eu fui começar a ouvir Elis Regina, Milton

Nascimento, eu já tinha 17 anos e estava a caminho da faculdade. Elis Regina acabou se tornando a maior referência para minha vida enquanto cantor.

Quando eu era criança, montava coreografias com os meus amigos da escola para apresentar em qualquer espaço que pudesse. Quando entrei no primeiro ano do Ensino Fundamental, com 7 anos, vi uma apresentação das meninas do segundo ano. Elas dançaram uma música das Spice Girls. Eu vi aquilo e pensei: "Meu Deus, eu quero muito fazer isso! Quero fazer shows e performar!". Fui até a diretora da escola e perguntei se podia fazer a mesma coisa e ela disse que sim. Chamei alguns amigos e fiz uma releitura da coreografia do É o Tchan.

Na adolescência, gravei um CD em casa, no meu quarto. Preparei os equipamentos, conectei no computador, baixei programas e gravei. Eu tinha 16 anos. Participei de festivais de música na minha cidade, ganhei prêmios de canção e de composição.

Quando fui para a faculdade, mergulhei num mundo que era totalmente novo para mim, vi coisas às quais nunca tinha tido acesso, contato com muita gente diferente, de tudo quanto é lugar deste país. E sempre fui um pouco esponja, me deixei influenciar, contaminar por tudo aquilo. Eu tinha que estar ali, tinha que sair de casa, porque já tinha entrado em contato com minha sexualidade. Estava entendendo que eu era gay e queria viver aquilo plenamente. Na casa dos meus pais, isso não seria possível.

Minha sexualidade me tomava por inteiro. Era aquela coisa de fazer troca-troca com o primo no mato. Mas, ao mesmo tempo, o peso da religião me deixava em crise. Eu chegava no padre da cidade e me confessava, dizia que eu tinha pecado contra minha castidade. Certa vez, o padre disse que eu não deveria me culpar porque era jovem e inocente e, nessa fase, aquilo era normal. Cheguei a ficar com algumas meninas na minha adolescência, mas nada que me envolvesse ou conseguisse me prender. Passei a estudar sobre gênero, pesquisar e a encontrar outras pessoas gays, até que fiz a virada de chave rapidamente.

A placa de censura no meu rosto diz
Não recomendado a sociedade
A tarja de conforto no meu corpo diz

Não recomendado a sociedade
Pervertido, mal-amado, menino malvado, muito cuidado!
Má influência, péssima aparência, menino indecente, viado!
("Não Recomendado" de Caio Prado com part. de São Yantó)

Na faculdade de música, aquilo que fiz na adolescência de produzir e gravar meu próprio disco era visto como ingenuidade, eu jamais deveria me ater àquilo. Ali, eu não era instrumentista, não era compositor, era e deveria ser apenas um cantor. Tive uma grande dificuldade com a postura acadêmica. Em seis anos de faculdade, compus apenas uma música, e ainda assim porque eu tive que fazer para o curso. Mas não me via como compositor. Meu primeiro disco, *Ele* (2012), tem apenas canções de outros compositores, porque eu me entendia somente enquanto intérprete. Já no último disco, *Lineker* (2016), entendi que gostaria de dizer muitas coisas que não cabiam nas interpretações de outras composições. Ali retornei ao desejo adolescente de ser compositor e também produtor fonográfico.

Com o término da faculdade, senti que deveria gravar um disco. Já estava com vários trabalhos que na época eu achava consistentes, mas não conseguia fazer circular. Estava em Campinas, um lugar difícil para conseguir visibilidade cantando MPB. Comecei a mandar projetos para editais culturais no intuito de gravar o primeiro disco. Ganhei dois editais e, no final de 2012, fiz *Ele*.

Fui para São Paulo e lancei o disco. Fiz alguns shows e, na época, estava muito na fome de dançar. Queria muito dançar. Acabei me lançando um pouco na performance. Entrei para um projeto de dança chamado Exercícios Compartilhados, coordenado pela coreógrafa Adriana Grechi, que tem um grande trabalho na dança experimental. Trabalhávamos a partir de alguns estímulos para ativar as sensações do corpo, dos órgãos. Começou a vir muito forte essa coisa do desejo, do corpo em si.

Naquela época, enquanto me preparava para os shows, ainda estava tentando entender qual roupa queria usar nos palcos. Lembro de assistir a um vídeo de uns homens dançando com uns vestidos floridos, vídeos da coreógrafa alemã Pina Bausch, e achei aquilo maravilhoso. Pensei que um dia eu gostaria de cantar usando um vestido. Um tempo depois, usei um vestido florido em um show. Quando me vi, estava indo para a sala de ensaio com um maiô e aquilo fez muito sentido para mim.

Descobri ali, naquele trabalho corporal, todo um mundo novo, que se abriu pra mim. Mudou minha relação com estar em cena. Em 2013, comecei a ver outros trabalhos que versavam sobre desconstrução de gênero. Comecei a ler e a entender o que era gênero e vi que isso já estava no meu trabalho há muito tempo. Eu só estava deixando aquilo sair do meu corpo. Hoje, eu consigo olhar para aquele meu movimento com mais consciência.

Enquanto eu não ouço sua voz
Eu não sei dizer se é um homem
Ou uma mulher
Se é uma mulher
Mulher tão linda
Se o rapaz é doce
Doce, doce
Mas suas pernas tortas
Eu quero para mim
("Da menor importância", São Yantó)

Eros transcendente

Pedi a um amigo para compor uma música que falasse de sexualidade. Ele compôs "Gota por Gota" (2016) e, em seguida, fizemos o clipe. Foi uma grande virada no meu trabalho de cantor. Havia me dirigido a uma estética totalmente diferente e começado a falar com um público que, até então, meu trabalho não tocava. A partir dali, fui me aprofundando mais. Criei a performance *Macho*, que estreou em 2015, um trabalho violento, difícil e experimental. Não tem uma linguagem fácil, é difícil de ler.

Um ano depois, compus e produzi o clipe da música "Alguém segure esse homem", que é a retomada desse trabalho que iniciei com *Macho*. Nesse clipe, estão homens trans e cis mostrando as diversas possibilidades de ser homem. Passei a me aprofundar cada vez mais em literatura sobre gênero e masculinidade. Passei a pensar também na questão dos homens trans e por que nesse *boom* de discussões sobre gênero, só se falava sobre o feminino, por que não estavam falando sobre o masculino. A construção da masculinidade não parece ser vista com a mesma importância. Penso que não há desconstrução se o homem não falar também sobre gênero, sobre o que é ser homem. Gênero não é uma pauta só para mulheres e LGBTQIs, é uma pauta para todo mundo.

Não vem pra ficar
Só deseja estar
Entre meus cabelos
Na barba que roça
Rente às suas costas
Lhe faz gritar
Alguém segure esse homem
Alguém segure esse homem
Os meus abismos quer habitar
E meu Olimpo vai alcançar
Olhos nos olhos a revelar
Adão e Éden vai superar
("Alguém segure esse homem", São Yantó)

Meu segundo disco foi *Verão* (2016), um EP. É um trabalho um tanto desconexo, não tem compromisso com estética alguma. Ele ainda passeia com muita influência da música dos anos 1970, da Tropicália, tudo o que me inspirava enquanto intérprete. No meu terceiro álbum é que me lancei. Senti que meu trabalho chegou num lugar que me interessava muito, do ponto de vista estético e performático. Parece que estou fazendo realmente o que eu queria estar fazendo.

No processo de criação, passei a ouvir a cantora Björk. Ela é como uma força da natureza, um vulcão, um maremoto! Passei a ouvir e destrinchar a discografia dela inteira. A partir desse encontro estético, fiz uso de várias outras referências que eu chamo de pop experimental, mais contemporâneo. O álbum *Lineker* foi um reflexo direto dessas influências das quais fui beber.

É tempo de desejo

É incrível o que está acontecendo nessa nova cena musical. Essa cena é fruto de coisas que já vinham muito tempo antes, muita gente abriu caminho para que hoje pudéssemos falar abertamente aquilo que estamos falando no palco. Ao mesmo tempo, não entendo o movimento que algumas pessoas têm em desmerecer essa cena dizendo: "Ah, mas o Ney já fazia isso antes". Há uma convergência hoje, muitas pessoas falando sobre gênero e os trabalhos se alimentam entre si. Falamos sobre sexualidade de um jeito direto no palco hoje, mas, por exemplo, durante os anos 1970, tudo ainda era de forma velada.

Tenho uma irmã de 16 anos que me conta coisas que acontecem com ela ou com os amigos dela e vejo o quanto é por influência dessa nova cena. Os adolescentes dizem: "A gente não tem que se enquadrar num padrão!". Fico irritado quando as pessoas dizem que não passa de modinha pós-moderna. Esse movimento tem um impacto absurdo! E, se estiver conectado com todos os setores da sociedade, pode fazer com que a gente não se afunde nessa onda conservadora que está vindo.

Correm
Os loucos
As putas
Os roucos
Certos da morte
Talham seus ventres
Negam a sorte
("Golpe", São Yantó)

O desejo é uma coisa muito poderosa! O desejo é uma coisa impossível de ser desviada. Ele pode ser adiado, mas ele cria, estrutura, é como um vulcão que está para entrar em erupção. Qualquer um pode tentar soterrá-lo, mas uma hora vai explodir. A sexualidade é isso, o desejo é isso! E não estou me referindo apenas ao desejo sexual. Estou me referindo também ao desejo enquanto estratégia de resistência.

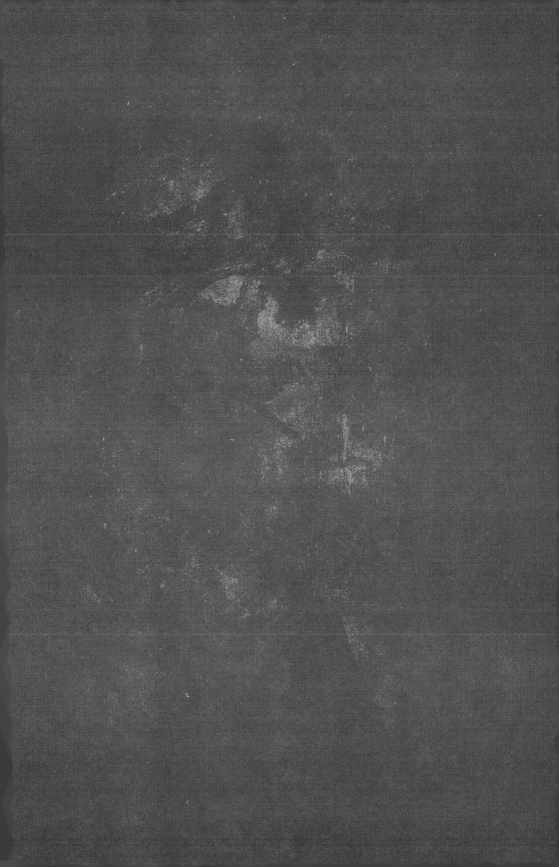

LINN DA QUEBRADA:
Bixa, Preta TRÁ TRÁ TRÁ e Transviada

LUIS SIGNORINI

Meu nome de registro é Lino Pereira dos Santos Júnior. Hoje sou Lina. Tenho me apresentado enquanto Lina, pois é como tenho me visto. Não tenho problema com meu nome. O nome é uma marca social que as pessoas te colocam, te enquadram e te encarnam na ideia de pessoa que elas constroem. Eu me entendo enquanto um corpo, uma história e toda a trajetória pela qual passei.

Sou da quebrada, mas minha quebrada tem variado porque nasci em São Paulo, em 1991, mas cresci no interior. Passei minha infância morando em Votuporanga, na casa de uma tia, porque minha mãe precisava trabalhar e não pôde me criar. Tive um pai ausente, que me abandonou aos 5 anos. Cresci com minha tia e, depois, aos 12 anos, foi que morei com minha mãe em São José do Rio Preto.

Ela trabalhou a vida inteira como empregada doméstica e trabalha em casa de família até hoje, aos 65 anos. Moramos numa primeira casa, em uma região mais próxima ao centro da cidade, depois tivemos que nos mudar para um apartamento de CDHU, na periferia de São José do Rio Preto, na Vila Elmaz. Foi de lá que saí para estudar em São Paulo.

Comecei a fazer arte, teatro e dança. Venho de uma educação muito religiosa por parte da minha tia, o que foi muito marcante na minha vida. Parecia que meu corpo era proibido a mim. Meus desejos, meus afetos, minhas vontades eram proibidos a mim. A velha ideia caduca e equivocada de um corpo errado, de desejos errados e de pecado. Tudo o que estava ligado ao desejo e aos afetos estaria também ligado à culpa.

Eu fui expulsa da igreja (ela foi desassociada)
Porque "uma maçã podre deixa as outras contaminada"
Eu tinha tudo pra dar certo e dei até o cu fazer bico
Hoje, meu corpo, minhas regras,
Meus roteiros, minhas pregas
Sou eu mesma quem fabrico
("A Lenda", Linn da Quebrada)

Corpo, o território da verdade

Quando me desvinculei dessa doutrinação, eu assumi meu corpo. Acho que é até mais interessante pensar em me assumir corpo do que necessariamente me assumir gay ou qualquer outra coisa, porque ainda venho passando por transições. Compreendendo o corpo como um processo vivo. A partir do momento em que tomei a ação de liberdade do próprio corpo, que tomei as rédeas, encontrei na arte um território físico de expressão e de possibilidades.

Descobri no teatro um jogo de relações e, na dança, outras possibilidades de movimento e de coreografias corporais e físicas. Entendo quantas outras potências meu corpo possui. Essa foi a grande chave que foi virada, quando fui entendendo quantas mais eu poderia ser, quantas mais de mim eu já havia negado, quantas mais de mim eu nem havia sonhado com a possibilidade de ser e estava descobrindo quem eu era no corpo e pelo corpo. Nesse território da verdade que é o corpo!

A partir dali, eu me vejo apaixonada pelo corpo, por essas descobertas. Fui fazer um curso de férias em São Paulo, em 2010, e abandono tudo em Rio Preto. Peço as contas no emprego para me mudar e mergulhar ainda mais nesse processo, porque eu queria mais, sempre tive a sede de mais e de mergulhar mais fundo.

Em São Paulo, passo o ano inteiro dançando, descobrindo muitas outras possibilidades físicas e sensoriais por meio do corpo. Depois de um ano, estava sentindo falta da fala, da voz. Então vou mais uma vez procurar o teatro.

O lugar da transição

Saí da minha cidade sozinha e, naquela época, ainda pensando que eu era Lino, apesar de já ter começado a me montar como *drag queen*. Meu rompimento com a igreja ou com a religião, com a doutrinação da qual eu fazia parte, foi no meu aniversario de 17 anos quando me montei pela primeira vez em 2007.

Lá em Rio Preto, quando me montei pela primeira vez, criei um *alter ego* chamado Lara. Era uma outra possibilidade de ser tudo aquilo que não pude ter sido. Através da Lara, explorei o feminino, explorei outros afetos, outras sensações, outra atitude, outro posicionamento. Percebi a diferença estética da forma como eu estava vestida, não do modo racional como eu vejo hoje. Hoje percebo que a grande diferença está na relação com o mundo, na forma como eu era tratada e como minhas atitudes mudavam essa relação também. O olhar do outro sobre mim.

Percebi, inclusive, o lugar que o feminino ocupa socialmente, porque a Lara aparecia apenas em algumas situações específicas e pontuais. Eu não vivia a Lara em período integral e, ainda lá no interior, se montar ou expressar o feminino para as bixas, para os gays, era estar em um lugar preterido. É ainda um lugar preterido, porque "tudo bem você ser gay, mas não precisa ser afeminada". Ou, então, quando eu me relacionava com alguém como Lino, lembro que surgia uma certa vergonha de que a outra pessoa soubesse que eu me montava.

Entre meus amigos ou as pessoas mais próximas, eu sentia que havia um pensamento de que quem se montava era preterido. Era desprezada por ser preta, por ser pobre e ainda mais por ser afeminada. Os traços do feminino, eu poderia deixar transparecer apenas quando estivesse montada, porque não era o Lino que estava ali, era a Lara. O feminino não podia aparecer em mim enquanto Lino, porque, se aparecesse, seria motivo de chacota, motivo para ser rebaixada.

Ela tem cara de mulher
Ela tem corpo de mulher
Ela tem jeito
Tem bunda
Tem peito
E o pau de mulher!
("Mulher", Linn da Quebrada)

Não me reconheço necessariamente nem enquanto homem nem enquanto mulher. Entre ser homem e ser mulher, prefiro ser eu, em toda a minha complexidade. Têm coisas do universo feminino que estão no meu corpo, tem coisas que são ditas masculinas que podem estar no meu corpo, mas eu me reconheço no território do feminino.

É esse território – um amplo território, assim como existem muitas formas de mulheridades, de ser mulher, muitas formas também de ser homem, e existem muitas outras formas de existir sem ser necessariamente mulher ou homem – que causa uma confusão entre as pessoas. E é esse o lugar que eu ocupo, me reconheço e que é o lugar da transição.

Ser trans para mim não é necessariamente ter um ponto de chegada. Eu vivo um processo, meu corpo enquanto um processo. Não sei exatamente aonde quero ir, onde vou chegar com este corpo. Não sei como estarão meus afetos amanhã, não sei como vou me comportar esteticamente amanhã e depois, nem daqui a 10 anos. Mais do que certezas, o que carrego comigo são dúvidas. O poder da incerteza.

Gosto muito de um livro da escritora Clarice Lispector, *A paixão segundo G.H.* (1964), no qual ela fala sobre um processo existencial. Fala que criamos terceiras pernas, que nos deixam estáveis, que nos mantêm confortáveis, mas também nos mantêm fixas num lugar. De como é perturbador quando abandonamos essas terceiras pernas que nos mantinham presas, mas que também nos davam estabilidade. Quão facilmente, quando abandonamos essa terceira perna ou a perdemos, criamos imediatamente outra terceira perna para nos proteger.

A terceira perna

Acredito que meu processo é justamente este de abandonar terceiras pernas. Construo outras, abandonando-as e me movimento. Eu me vejo nesse processo de transição. Pouso em um lugar, voo novamente. E não se trata apenas de movimento de ida, de voo. Vou pousando e me entendendo, me desentendendo e tendo dúvidas em relação ao meu corpo, em relação a como me chamo.

Já fui Lino, já fui Lara, já fui Linn, sou Linn também, sou Linn da Quebrada, sou Lina. Eu me dou a possibilidade de ser muitas e de olhar para o espelho e não ter necessariamente a certeza. De deixar que essa superfície, essa casca, se forme sozinha. Em algum momento, quando ela endurecer, ficar velha e partir, que surja uma outra.

Quando me mudei para São Paulo, o primeiro livro que li foi *A descoberta do mundo* (1984), também da Clarice Lispector. Um livro que encontrei no lixo, peguei e devorei. Depois dele, percebi que tinha muita vontade de falar, vontade de palavra. Eu já estava falando, estava me descobrindo pelo corpo e no corpo, no processo de dança, físico e extremamente corporal. Mas precisei entender também a voz enquanto corpo. O corpo enquanto voz, enquanto discurso, enquanto pensamento.

Foi nesse meio tempo, voltando para Rio Preto a passeio para ficar com minha mãe e rever os amigos, que soube que um dos meus amigos estava se descobrindo travesti. Ela contou para mim, na época, sobre a vontade de se montar, mas que não estava se reconhecendo enquanto *drag queen*, estava se reconhecendo como mulher. Falou de como nosso ciclo próximo de amigos estava reagindo de forma violenta.

Essa transfobia, essa violência é a que mais interessa para o meu trabalho, na minha vivência, na minha atuação. Aquela violência tão naturalizada, que exercemos sobre as pessoas mais próximas. Existe a violência social, que é mais fácil de apontar: o cara que a gente desconhece está sendo machista, a pessoa que a gente vê na rua que está sendo violenta ou está agredindo... Mas acho que só mudei de verdade, na minha forma de ver o corpo e atuar sobre mim mesma, quando percebi as violências que eu mesma cometia. O preconceito e a transfobia que eu cometia contra mim mesma e as violências com pessoas próximas a mim e que, pra mim, era muito sutil.

Aquelas violências que cometemos com um sorriso no rosto, que não machucam fisicamente, mas que causam traumas. Foi no momento que essa amiga contou que nossos amigos a estavam abordando com "Ah, você é tão bonito como menino!". É o que diziam para mim quando eu me montava: "Você é tão bonito como menino, porque você vai virar mulher? Por que você não se monta só de vez em quando? Por que não só uma hora ou outra?".

Ali, ela disse uma coisa que mudou minha vida, quase como se, naquele momento, eu tivesse visto a barata do livro *A paixão segundo GH* presa no armário. Ela falou: "O que é se olhar no espelho e ter a certeza de que o que está sendo refletido não é você?". A partir daquele momento, passei a olhar para o espelho de outra forma. Olho o espelho e passo a duvidar de mim, passo a ter menos certezas, passo a não ter respostas, penso no que aprendi durante minha vida inteira e passo a fazer perguntas. Acho que a partir dali, comecei a mergulhar numa experimentação estética radical sobre mim, de usar meu corpo enquanto espaço de pesquisa de mim mesma.

Perdi alguma coisa que me era essencial, e que já não me é mais. Não me é necessária, assim como se eu tivesse perdido uma terceira perna que até então não me impossibilitava de andar, mas que fazia de mim um tripé estável. (...) Sei que somente com as duas pernas é que posso caminhar. Mas a ausência inútil da terceira me faz falta e me assusta, era ela que fazia de mim uma coisa encontrável em mim mesma, e sem sequer precisar me procurar.

(*A paixão segundo GH*, Clarice Lispector, 1964)

Em São Paulo, fiquei um ano só dançando, mergulhada no processo da dança. Passei seis meses sobrevivendo do fundo de garantia do trabalho que abandonei em Rio Preto. Lá, eu trabalhava num salão de beleza, como auxiliar, e como técnica numa empresa de cosméticos, bem ligada ao universo da beleza. Quando me mudei, fazia bicos de dança, morava numa pensão com dois amigos, um de Rio Preto, que foi para São Paulo para dançar, e outro de Araçatuba, que conheci na capital.

Em 2009, já vivia a dança intensamente, logo depois que me dissociei das Testemunhas de Jeová. Mudei para São Paulo em 2010 e, nessa nova casa, passei o ano inteiro dançando, todos os dias, de dez da manhã às dez da noite, completamente apaixonada pelo corpo. Eu gostava de perceber o corpo se transformando. Até mesmo os limites físicos se transformando, mudando esteticamente, psicologicamente, fisicamente, nos contornos. Tudo se borrava, todas as coisas físicas me interessavam. Fui percebendo a mudança também enquanto afeto. Quando comecei a ler mais, mudei minha forma de pensar. Fiz dança num centro de artes chamado Pavilhão D, que fica no Campo Belo, morei por lá.

Prestei e passei na Escola Livre de Teatro. Abandonei essa terceira perna, a dança. Fui para o teatro. Sempre transitei assim, abandonando coisas ou sendo abandonada. O abandono também fez parte da minha trajetória e, de certa forma, até pela minha pouca experiência com processos de finalização. Meu pai me abandonou quando eu era pequena, depois tive que abandonar minha tia para ir morar com minha mãe e aí abandono minha mãe para morar em São Paulo, faço dança e abandono a dança, vou para o teatro. Tive a vida toda para aprender a lidar com o processo de fim, de finalização, de abandonar certas coisas.

Homem que consome, só come e some

Não sei muito a respeito da história da minha família. Sei que minha mãe veio de Alagoas. Não sei exatamente quando nem como, nunca conversamos sobre isso, mas é uma família de muitos filhos e filhas, de muitas mulheres. O que percebo da minha família é que é composta por mulheres muito fortes e que, felizmente e infelizmente, foram mulheres. Isso significa que foram mulheres de alguém. Parece que esse fato está muito marcado na história delas. Ao mesmo tempo, foram mulheres abandonadas por esse alguém, divorciadas, desquitadas. Mulheres que tiveram que criar os filhos sozinhas, que foram violentadas por seus maridos. É o que percebo nas minhas tias, na minha mãe, na minha irmã. É também uma família de homens que agrediram suas mulheres, que abandonaram as esposas e os filhos. É o que percebo nos meus tios, no meu irmão e no meu pai.

Era desse mito do papel do homem e da mulher que eu tentava fugir inconscientemente, porque via nitidamente minha irmã tentando, até hoje, ser a mulher de alguém. Vejo que minha mãe viveu uma vida inteira como mãe, não que isso seja um problema, mas parece que é sua única função, que a razão da vida dela é ser mãe e que a felicidade dela está nos filhos. Ou, então, que a felicidade dessas mulheres está em ser a mulher de alguém. Como elas vão ser felizes se estão sozinhas, sem marido? Como vão ser felizes se os filhos delas não são felizes?

Abandonada pelo pai, por sua tia foi criada
Enquanto a mãe era empregada, alagoana arretada
Faz das tripas coração, lava roupa, louça e o chão
Passa o dia cozinhando pra dondoca e patrão
("A Lenda", Linn da Quebrada)

Isso é muito cruel, o fato de que elas não tenham tido a possibilidade de serem outras coisas. Minha mãe teve essa possibilidade, e ela foi, porque é essa mulher preta, guerreira, lutadora, que criou os filhos sozinha. Que viveu muitos outros afetos e que teve a coragem de se desafiar e de trabalhar. Essa mulher preta, alagoana, empregada doméstica e que está disposta a se refazer o tempo todo porque, nesse meu processo de transição, vejo sua tentativa de entender e de possuir um vocabulário para lidar comigo. Ela está entendendo.

Quando você está disposta a entender é porque assume que você não sabe. É o que acho importante e que minha mãe está se dando conta. Eu falo sobre ter vocabulário e referência de outras palavras para se referir a mim, para conferir outros sentidos às palavras que ela conhecia até então. Dar outro sentido à palavra bixa, travesti, para nomear minha existência de outra forma a ponto de me chamar de filha, de me desejar parabéns no dia das mulheres, de se aproximar do meu universo.

Minha irmã foi a mulher que tentou a vida inteira ser mulher de alguém. A mulher que foi violentada, que sofreu a relação de abuso por parte de seus maridos e que criou os filhos também sozinha. Meu irmão era o cara que fazia isso com suas esposas, que eu via agredindo a mulher. Ele é esse homem que abandonou suas mulheres, deixou que elas criassem seus filhos sozinhas e que muitas vezes não teve dinheiro para pagar a pensão. Vi essa história se materializando pelos dois lados. Vi a violência sendo naturalizada, porque quando era meu irmão quem cometia, outro peso era dado pela minha família.

Com tudo isso, fui entendendo esse lugar da violência de quando você vê alguém que você ama, alguém da sua família ou do seu ciclo de amizades, cometendo uma opressão, qual sua atitude em relação a isso? Percebi meu irmão se transformando, falei e tento falar sempre com minha família sobre essa questão. Nunca escondi quem eu era.

Ser bicha não é só dar o cu, é também poder resistir

Quando minha mãe descobriu que eu me montava, em nenhum momento tentei dissimular o que estava acontecendo. Fui tentando entender junto com ela e com meus irmãos. Um processo muito difícil, porque o preconceito mais naturalizado, a transfobia – do radical *fobia* – é medo. É justamente o medo de se relacionar com pessoas como eu.

Minha mãe tinha amigos travestis e gays, mas parece que quanto mais próximo se está, ao ponto de ter que se relacionar de forma mais efetiva, essa fobia aparece. Há o medo de manter uma relação. É como se me dissessem: "Não sei me relacionar com isso quando isso está tão próximo de mim, assim eu nego". Nesse momento, fui percebendo que eu precisava existir da forma como estava existindo para que minha mãe e minha família pudessem se relacionar com pessoas como eu. Para que mais uma vez eu não fosse abandonada, não fosse negada.

Mesmo na religião eu poderia existir, poderia continuar fazendo parte, mas só se eu me arrependesse e abandonasse algo em mim, que não era a terceira perna que me prendia. Se eu abandonasse talvez as duas pernas que me faziam andar... Então era outra coisa que eu precisava abandonar, a serra que me serrava as duas pernas e fazia com que eu continuasse parada.

Eu me montei pela primeira vez quando trabalhei no salão de beleza, lá atrás, em 2007. Lá, trabalhava uma travesti que eu admirava muito pela potência que via naquele corpo. Sempre tive um apreço e uma queda pela margem. O cheiro do ralo sempre me atraiu, os bueiros, as sarjetas e as pessoas que vivem à margem. Vejo muita força e potência nelas e eu queria ser potente também, queria ser corajosa. Via que existia uma coragem em existir, por parte dessas pessoas, daquela forma.

Perguntei uma vez a essa travesti se ela não tinha medo. Ela me respondeu com outra pergunta: "O que é medo? Não conheço essa palavra. Travesti não pode ter medo, travesti tem receio, mas medo, não. Porque se a gente tivesse medo, a gente não existia".

Montada como Lara, ali, diante do espelho, foi apenas a sensação de experimentar uma outra roupa e uma forma de ser vista às quais eu não estava habituada. Perceber o que acontece quando você se monta me motivou. Quando estava estudando teatro, em 2010, foi que eu parei de me montar de forma pontual, dentro do palco ou apenas em lugares nos quais estivesse protegida, e passei a experimentar isso cotidianamente, ordinariamente e a ir para rua.

Passei a sair da noite, a me experimentar no feminino também com a cara no sol, a me expor e a perceber como as relações mudavam também. Como minha relação com o teatro mudou, com as pessoas que faziam teatro comigo mudou, e a perceber mais uma vez a transfobia, o que aquilo significava enquanto barreira ao afeto.

A transfobia gera solidão. As pessoas se negam a se relacionar com você. Fui percebendo a solidão que envolveria a coragem de me assumir corpo e de não ter certezas, o que fazia com que as pessoas deslegitimassem meu processo. Se você não é homem nem mulher, então você não existe para o outro, eu seria assim, uma mentira. Passei a perceber o valor da criação, porque, para mim, ser artista é criar sobre sua própria existência, sobre si mesma, sobre suas relações. É causar um acontecimento no seu espaço-tempo. É muito mais do que inventar mentiras.

Eu não invento mentiras, eu crio verdades. Mais do que comprar as verdades prontas dos livros de biologia, dos livros religiosos, da tradição ou mesmo dos provérbios populares, passei a inventar meus provérbios, a aprender outras línguas, a criar linguagem. Nesse ponto começa minha aproximação com a palavra e com a música, quando comecei a brincar com a linguagem.

Ela não quer pau, ela quer paz

A língua usada no meio LGBTQI é o pajubá, de origem afrobrasileira, vem do candomblé e também de outros lugares, mas principalmente as travestis e as bixas usam para se comunicar. Isso me interessava. Era a criação de vida, era como inventar modos de existir, de se relacionar. Por ser feminina ou por assumir o lugar que eu ocupava no meu corpo, eu era negada inclusive sexualmente. Até hoje percebo fortemente essa negação. Por isso, faz sentido fazer o que faço. Mais do que a forma com a qual fui descobrindo minha sexualidade, é a forma como vou vivendo e construindo minha sexualidade.

Eu acredito que nossa sexualidade se constrói conforme nossas experiências sexo-afetivas. Cada corpo é o seu sexo. Não acredito que existam dois sexos, acredito que existam tantos sexos quanto pessoas, cada um vive sua expressão. Mas reproduzimos uma sexualidade e tentamos caber dentro dela. Aprendemos isso. Eu aprendi a gostar de um sexo que não me satisfazia, um sexo escondido, rapidinho, sem nem precisar tirar a roupa, feito pelos banheiros sem que ninguém ficasse sabendo. Aprendi a ser anônima e aprendi a permitir que as pessoas transassem comigo de uma forma anônima, quando um não existe para o outro. Quase uma masturbação a dois.

No entanto, foi uma maneira de sobreviver sexualmente, porque só assim eu poderia exercer minha sexualidade naquele momento. Fiquei refém dessa forma e, infelizmente, a gente aprende a gostar. Talvez esse seja o grande ponto: aprendemos a gostar de ajoelhar perante o homem, a aceitar que o desejo dele esteja em primeiro lugar, que o meu prazer seja apenas o prazer dele.

Na vida, aprendi pouco sobre meus desejos, principalmente por ocupar o espaço do feminino. Vivemos numa sociedade homoafetiva no sentido de que, os homens amam, honram, admiram e ajudam outros homens. Das mulheres, do feminino, o que se espera é servidão e sexo, não companheirismo. Os homens são companheiros de outros homens. Eles admiram outros homens.

Não adianta pedir
Que eu não vou te chupar escondida no banheiro
Você sabe que eu sou muito gulosa
Não quero só pica
Eu quero o corpo inteiro
Nem vem com esse papo
Feminina tu não come?
Quem disse que linda assim
Vou querer dar meu cu pra homem?
("Talento", Linn da Quebrada)

Percebi que assumir o feminino no meu corpo me deixava destinada apenas ao sexo escondido, não ao afeto, não à relação. Re-la-ção para mim é: eu relo em você, e você rela em mim. Percebo o quanto aprendemos a gostar do sexo em meios como a pornografia, o quanto ela nos deixa viciadas e apaixonadas por um tipo de homem, de corpo padrão. O quanto essa visualidade cria um roteiro sexual de como se faz, com quem, em que lugar, em quanto tempo se faz o sexo. A partir daí, passo a inventar o meu sexo, porque aquele sexo não me cabe mais, e eu já não cabia mais nele.

Esse modelo de como se relacionar não está só na pornografia, mas na televisão, nas revistas, nos livros, nos romances, na música. Em todos esses espaços, estamos aprendendo como amar, nos tornando reféns de um amor que na maioria das vezes não conseguimos viver e, então, desesperadas, continuamos correndo atrás dele. Que corpos desejar?

Enviadescência

Eu ouvia muito Sandy & Júnior na infância. Depois, numa outra fase, mergulhei em Caetano, Gal, Dzi Croquetes, Claudia Wonder. Mas minhas principais referências artísticas são as pessoas ordinárias do cotidiano, são as travestis, as bixas, as trans que fazem parte da minha vida. É para elas o material que produzo. Ouço muito a galera dessa geração de agora, As Bahias e a Cozinha Mineira, Liniker, Tássia Reis... Tudo o que ouço hoje mexe com os pilares do que construo agora. Essa MPBeau, como algumas de nós chamamos, é feita também por outras pessoas que talvez a mídia não tenha tido a capacidade e o interesse de olhar. A lente é restrita, mas acho que o movimento popular das *beau* é muito maior do que se consegue captar.

Eu percebi no funk um veículo de formação e informação sexo-afetiva que me é muito interessante. É falar abertamente sobre desejo de sexo, de trepar. Mas o funk era, mais uma vez, em função do homem e de um tipo de homem, do grande macho com a pica gotejante, forte e viril. Percebi como ali também se desviava o desejo para esse macho. Eu queria negar isso. Queria negar para que eu também não precisasse sentir mais aquilo nem continuar refém do meu próprio desejo. Precisava tomar as rédeas do meu corpo e cavalgar por outros lugares, outros desejos, me permitir outros afetos.

Apesar de estar consciente de tudo isso, continuava me dobrando, me ajoelhando perante o macho nos banheiros, nos becos, nas vielas, no escuro, às escondidas. Por que eu não me movia dali? Entendendo a importância da minha trajetória sexual, passei a experimentar outros lugares, outras pessoas, e a olhar para o feminino no campo do desejo. A olhar para as bixas, para as pessoas marcadas pelo feminino, pessoas que são o não homem, e pensar como posso reinventar isso em mim.

Minha pele preta é meu manto de coragem

Antes da MC Linn da Quebrada, comecei a experimentar performance com a relação de rua, a colocar as coisas em público. Reuni um grupo de amigos para a primeira performance que deu origem ao Coletive Friccional. A fricção entre realidade e ficção, com participações de muitas pessoas da Fazenda da Juta, bairro da zona leste de São Paulo.

Depois dirigi uma peça do Coletivo Zoom, para olhar mais perto a periferia, voltado a mulheres e adolescentes. Foi minha primeira experiência de direção, a peça era *Copiar ou escrever* e misturava histórias de ficção e de jornal com a realidade desses adolescentes. Ali, na Fazenda da Juta, fortaleci junto ao Periferia Preta uma série de eventos culturais. É um ponto de cultura voltado à resistência negra onde, talvez, eu mais tenha aprendido nessa caminhada.

BlasFêmea

Encontrei na música, na linguagem, o modo de inventar uma verdade, um desejo, e de criar um espaço de potência, de afeto, e de carinho, que os homens já fazem tão bem entre eles. Um modo de inventar, entre nós, um olhar, para que outras mulheres e outras pessoas do espaço do feminino se vejam com carinho, com admiração, com orgulho, com amor e com desejo, e criar redes de apoio entre nós. Apoio financeiro, apoio material, apoio psicológico...

Agora estou neste lugar de entender como estabelecemos essa rede. Como destruímos o espaço sagrado do falo, do culto ao macho. Como teremos a coragem profana de produzir essa blasfêmia. BlasFêmea! Mais uma vez a brincadeira com a linguagem, da fêmea no lugar do profano. A grande blasfêmia é não precisarmos do macho. O macho ao qual me refiro não é o homem, mas é a posição política, social e comportamental de um determinado homem, esse macho.

Agora estou me permitindo a possibilidade de gostar de outras pessoas. Quando digo que eu gosto mesmo é das bixas, é disso que se trata. Mas aprendi pouco a amar, justamente por não ser amada. Tanto que não gosto muito da palavra amor, porque está tão vinculada a uma ideia pré-concebida de se relacionar.

> *Ah, as pessoas põem a ideia de pecado em sexo. Mas como é inocente e infantil esse pecado. O inferno mesmo é o do amor.*
> (*A paixão segundo G.H.*, Clarice Lispector, 1964)

Eu tento me relacionar com as pessoas que não são aqueles machos. Prefiro as pessoas que se interessam pelo o que eu penso, pelo que falo, pela minha companhia. São poucas que estão dispostas a se relacionar ou mesmo dispostas ao sexo comigo. As bixas aprendem a desejar o macho, e não a cultivar o desejo entre elas mesmas ou entre as trans binárias. É quase como se tudo pudesse acontecer se eu não fosse tão feminina. Estou tentando criar esse espaço com minha música, meu corpo, minha estética. Na minha música, eu compartilho de uma solidão e convido a compartilhar nossa *solitude*.

TIELY:
Astronautas do varal

Sou Tiely Santos, nasci em 1975, e no meio artístico sou mais conhecida como Tiely Queen. Comecei meu processo de transição em 2015 e está sendo mais lento por escolha própria. Desse modo, ainda é imperceptível para muitas pessoas que convivem comigo. Estou me hormonizando, mas uso um hormônio mais fraco, o androgel, na pele.

Sempre tive um incômodo com meu corpo, tanto em minhas ações como nas opções do que vestir, com o que brincar, o que fazer no cotidiano. Mas, por muito tempo, não refleti por que eu gostava disso e não daquilo. Vivi a vida, fui levando. Tanto que, quando percebi que gostava de mulher, como minha orientação sexual, passei a pensar que eu era uma mulher lésbica. Vivi quarenta anos assim, embora sempre me vestisse como um homem. Preferi sempre as roupas ditas masculinas. Na infância, eu só brincava com os brinquedos da molecada.

Uma chave virou quando participei de uma roda de conversa na faculdade de história, na UNIFESP, onde me formei. A filósofa Djamila Ribeiro estava mediando a conversa junto ao Léo Moreira Sá, ator transexual. Depois daquela mesa de conversa, há três anos, caiu a ficha, e eu falei: "É isso: sou um homem trans". Ali encontrei a resposta que tanto procurava em mim, mas não encontrava até então. Já havia participado de tantas lutas pelo movimento LGBT, pelos trans e travestis, mas nunca havia me atentado a isso dentro do meu corpo. Passei a pesquisar os prós e os contras das mudanças do corpo, das interferências biológicas.

Não mudei meu nome, sempre fui chamado de Tiely. É um nome muito *sui generis*. Na realidade, iniciei minha carreira como Tiely Queen, hoje prefiro apenas Tiely. Em termos de relações afetivas, sofro muito com a transição, pois tenho um histórico de relações lesboafetivas. A mulher lésbica gosta de mulher, não gosta de homem. E, como um homem trans, eu sou hétero. Esse é meu desafio!

Minha família é muito religiosa, a maioria é cristã, mas todo mundo tem um pé no terreiro, todo mundo é do batuque, mas só eu busquei essa raiz. Meu pai já é falecido, minha mãe está aqui comigo, firme e forte, e conversamos muito a respeito disso, ela entende meu processo do jeito dela. Ainda me trata como filha, e eu respeito o tempo dela também.

Aos 14 anos, comecei a fazer teatro e a entrar na área artística. Gostava muito de escrever, fazia poesia. Meus irmãos são da música e tocavam na garagem da casa da minha mãe, em São Miguel Paulista, zona leste de São Paulo. Tocavam samba rock e rap na rua. Na minha adolescência, participei muito desse movimento que eles criaram nos anos 1980. Misturava minhas poesias com as bases que eles faziam e formava um rap. Alguns amigos, assistindo à minha performance amadora, me convidaram para participar de um grupo de rap, mas era aquela coisa: a participação feminina no rap é sempre um ponto. Eles me chamavam para fazer couro e refrão, ser coadjuvante, enquanto os "picas" ficavam na frente do palco. Sempre foi assim, e eu não concordava, mas topei participar para aprender de algum modo.

Comecei a participar de oficinas de teatro, de técnica vocal, de oficinas de expressão corporal. Os caras do rap eram muito ruins, não tinham técnica alguma! Naquela época, também me formei como ator para ter um diferencial e tentar revolucionar a postura de palco um pouco, pensar na performance corporal. Passei a trabalhar com projetos feministas para fortalecer a luta das minas do rap. Nos anos 2000, havia a necessidade de fortalecimento da participação feminina no hip hop.

Passou a ser esse meu foco, me movimentei a vida toda pelas quebradas, fomentando arte. Estive à frente da Associação da Mulher e Movimento Hip Hop, mais conhecida como Hip Hop Mulher, que fundamos em 2007 e está viva até hoje. É um ponto de cultura com o objetivo de fomentar a produção feminina no hip hop. Agora, dezessete anos depois, estou começando a pensar no meu trabalho pessoal, na produção do meu disco. As minas do hip hop já estão conseguindo andar com as próprias pernas.

Com a transição de gênero, a recepção nos meios femininos nos quais militei mudou em relação a mim. Primeiro vieram reuniões, encontros para me questionar o porquê. O questionamento em si já foi doloroso pra mim, é como se todo o trabalho que fiz durante uma vida, dentro na luta feminista e lésbica, fosse deslegitimado a partir do momento em que me apresento como um homem trans. Mas acredito que seja necessário discutir as masculinidades. É preciso que homens trans tenham visibilidade enquanto pessoas que foram designadas ao sexo feminino no nascimento. Essas pessoas também compartilham das feridas do machismo.

O homem trans é muito mais invisível dentro da sociedade

Sou arte-educador. Dou aula de foto, de vídeo, de rap, de poesia e produção poética. E em tudo incorporo o estudo da História. Faço parte de um time de futebol apenas com meninos trans, chamado Meninos Bons de Bola. É nossa forma de transgredir. O time foi fundado a partir da percepção de que havia uma deficiência na participação de homens trans nos projetos do Centro de Referência Trans de São Paulo. Uma forma de mostrar que existimos.

O homem trans é muito mais invisível dentro da sociedade, não só na comunidade LGBTQI, mas em todos os espaços. Quando se finaliza o processo de transição, não dá para as pessoas perceberem que se trata de um homem trans. É um homem. No meu processo, como é mais lento e por escolha minha, as pessoas na rua ainda me tomam pelo feminino e aos pouquinhos vou inserindo uma sensibilização. No meu caso, querendo ou não, sou uma pessoa pública, e para o público é um pouco chocante.

A partir da transição, minhas composições musicais mudaram. As músicas que fiz eram para o clima de festa, para levantar o astral, ou direcionadas para o cotidiano, para algum problema social, ou ainda para falar da questão do feminino, exaltando as mulheres. Agora estou pensando em outras composições relacionadas a esse universo trans. Já gravei algumas músicas de apresentações minhas disponibilizadas pela internet, mas ainda não gravei um disco. Estou gravando aos poucos, revendo coisas antigas, produzindo e repaginando.

Mulher Universal, Astronautas do Varal....
Comendo caviar ou carne seca ao natural.
Atacando em bandos, alcateias ou esquadras.
Sempre no comando de todas as jornadas.
Todas são selvagens em busca do poder, ultrapassam a passagem, rainhas do saber.
Mude de cidade, ou prepare o seu corpo.
Ignoram a piedade ou pedidos de socorro!
("Astronautas do varal", Tiely)

Minhas principais referências musicais são Queen Latifa, Aretha Franklin, Billie Holiday. Por muito tempo, foi difícil encontrar alguma referência musical feminina no hip hop nacional, por isso o Hip Hop Mulher existe, para tornar o trabalho das minas visível. Compus uma música chamada "Astronautas do varal" em 2009, que fala sobre o cotidiano das mulheres e foi baseada na influência da Aretha Franklin em mim, enquanto artista. Fala sobre aquilo que a mulher pode fazer e desenvolver em sua vida pessoal e em sua vida profissional. O interessante é que aqui no Brasil, até o momento, não conheci nenhum outro homem trans que cante rap.

O rap não é só um estilo de vida, não é só uma religião, não é só isso, é tudo isso e muito mais. É uma forma de poder conduzir minha existência. A cultura hip hop abraça o cotidiano do que a gente vive, do que se observa, do que se escuta nas ruas, nas quebradas. Muitas coisas imperceptíveis na vida das pessoas fazem parte da cultura hip hop. Ela está ali e ninguém percebe. O rap está em todo lugar, desde um mural de grafite no centro, que se vê quando ao caminhar pela rua, percebendo que aquilo ressignificou o espaço, até a linguagem das quebradas.

RENAN PEROBELLI

LUANA HANSEN:
Marginal imperatriz

Meu nome completo é Luana Michele Hansen de Barros. O sobrenome vem da minha mãe, não carrego o do meu pai. Nasci em 1980 e sou filha de mãe solteira. Minha mãe é descendente de alemães e pernambucana de Recife. A única mulher em meio a oito irmãos. Ela se mudou para São Paulo, a "terra das oportunidades", justamente por não se sentir livre naquela família com tantos homens, por ser muito moderna para a época. Queria estudar, trabalhar e fugir do casamento imposto. Trabalhou como caixa de imobiliária, onde conheceu meu pai, um homem negro, advogado. Eles se relacionaram por um tempo, mas quando nasci, meu pai não quis assumir a paternidade. Vivemos muito tempo de favor na casa das pessoas. Tive mais quatro irmãos, os quais ajudei a criar desde muito nova. Além de tudo, sou a única negra da casa.

Nasceu, mais um fruto do acaso
E o mané que não quer nada o sobrenome é descaso
Uma gravidez indesejada mesmo com prevenção
Não importa sua crença ou religião
("Ventre livre de fato", Luana Hansen)

Lembro de ser apaixonada pela minha professora de biologia do segundo ano do colégio. Eu tirava as melhores notas, porque achava que aquela mulher era louca por mim. Até que descobri que ela gostava de mim porque me parecia com a filha dela, negra de pele clara. Foi minha primeira decepção amorosa. Caiu meu rendimento na escola, comecei a tirar notas baixas e faltar às aulas. Aos 13 anos, mudei de escola e, no primeiro dia de aula, entrou uma mulher na sala e me deu um beijo: "Vou te dar algo pra você nunca mais se esquecer da escola". Até hoje eu não sei o nome dessa mulher, ela me beijou e sumiu.

Eu não tinha acesso à informação sobre orientação sexual, não como é hoje em dia, e me culpei muito. Cheguei até a começar um namoro com um rapaz, pensei que eu deveria ter um namorado. Durou pouco. Por um tempo, comecei a sentir que queria ser um homem. Passei a ter vergonha de quando meus peitos começaram a crescer, andava encurvada, usando camisetas bem largas. Parecia o Quasímodo! Queria evitar que algum menino se sentisse atraído por mim. Eu queria ser amiga dos caras, sair no rolê com eles, mas nunca falávamos sobre sexualidade, parece que criei bloqueio na minha cabeça e não conseguia falar sobre sexo. Minha primeira relação sexual, eu tive com uma mulher e, quando assumi esse caso, minha mãe me expulsou de casa.

Lembro que na adolescência, eu nem sabia direito o que significava ser lésbica, não tinha contato com a internet ou com qualquer informação nesse sentido. Sabia apenas que gostava de mulheres. Havíamos nos mudado para Pirituba, zona oeste de São Paulo, minha mãe havia se casado, e ela e meu padrasto estavam desempregados. Naquela época, por volta dos 14 anos, comecei a andar pela quebrada, a me envolver com o mundo do crime para ajudar no sustento da casa. Comecei de bobeira no tráfico, apenas transportando coisas, e quando me dei conta, já estava ganhando muito dinheiro com a venda de drogas.

Minha mãe me expulsou de casa quando eu tinha 16 anos e me mandou para Portugal para morar com um tio gay. Pensou que seu irmão pudesse me compreender melhor, salvar minha vida das drogas e da homossexualidade. Não conseguia lidar com o fato de eu ser lésbica. Não consegui me adaptar lá, por causa de uma namorada que tinha deixado no Brasil. Essa garota me ligava o tempo todo dizendo que iria se matar por sentir minha falta. Eu estava estudando, jogando futebol no time do Porto e, muito nova, vivendo a onda do primeiro amor. Não aguentei, fiquei apenas um ano, larguei tudo e voltei para casa em 2007.

A frustração de ter aberto mão de todas as oportunidades em Portugal fez com que eu entrasse de cabeça no mundo do crime. De traficante, eu já estava usando drogas. Eu me vi morando em flats pelo centro de São Paulo para fazer dinheiro com drogas em frente às baladas LGBT.

Conheci uma garota de programa com a qual me envolvi. Ela morava no interior, em Bauru, e me disse que precisava buscar sua filha. Para dar um tempo nas drogas, resolvi ir morar com ela no interior. Peguei todo o dinheiro que havia acumulado com o tráfico e investi em uma relação que não durou nem dois meses. Aquela mulher saiu para buscar a filha dela e me largou. Nós nos separamos e me tornei traficante em Bauru. Fiz grande fama por lá. A polícia invadiu minha casa três vezes e tive que sair de lá escoltada, com a ameaça de ser presa se voltasse a pisar naquela cidade.

Voltei para São Paulo e não tinha onde morar. Passei a ficar no sofá da casa da minha mãe. Ali, em meio à decadência, percebi que deveria mudar minha vida de vez. Entrei de cabeça no hip hop, foi meu escape. Passei a escrever o que eu estava sentindo e a ver que aquela podia ser uma oportunidade de mudar de vida. Fui me descobrindo como pessoa de novo, recuperando a dignidade.

Não queria mais ser traficante, já sabia como ganhar dinheiro daquele modo, e decidi trabalhar de telemarketing, vendedora ambulante, os subempregos dos quais grande parte das mulheres negras fazem parte. Fiz de tudo para sair do crime. Já havia até sido internada pra largar a pedra, porque eu fumava oitenta pedras de crack por dia na rua. O rap salvou minha vida. No momento em que eu estava no palco, não estava usando drogas, não estava na biqueira. Era como estar nas quebradas sem precisar estar vendendo, sem ter medo de ver a polícia passar na rua, apenas cantando.

Comecei no hip hop com um grupo chamado A Força, em 2003. Era um grupo de cinco meninos e só duas meninas, mas não deu certo. Não consegui ficar ali no meio de tantos caras. Montei um grupo com duas rappers, Angélica e Tina, chamado A-Tal, só de mulheres negras. E, em 2005, ganhamos um prêmio com uma fita demo, o Hútuz (principal premiação do hip hop brasileiro), como melhor grupo de rap feminino. Toda mulher preta quer ser "a tal", eu dizia.

Então participamos do filme de Tata Amaral, *Antônia* (2006). Com o dinheiro do cachê, consegui alugar uma casa, a vida parecia estar caminhando para um novo rumo. Passei a ganhar dinheiro também com o hip hop, até descobrirem a minha orientação sexual.

O fato de eu ser uma mulher lésbica incomodava muito, ao ponto de várias portas se fecharem para mim. Fui muito prejudicada, pois confundiam a minha orientação sexual com meu caráter. Perdi vários trabalhos, fiquei sem grana, perdi a casa onde eu morava, porque não tinha mais como pagar o aluguel.

Eu me lembro de um dia em que fui cantar em uma casa de shows onde eu era MC residente havia cinco anos, lá cantaram Kamal, Emicida e tantos outros figurões do rap. E o chefe virou pra mim e disse:

"Sua vida profissional atrapalha sua vida pessoal, então vou te mandar embora. Não quero gente como você aqui dentro". Foi difícil conseguir outro emprego como MC, pois os donos de casas de hip hop parece que são muito unidos e, se você se queima com uma pessoa, outras não vão mais te chamar para trabalhar. Foi logo depois do filme *Antônia*, quando surgiram burburinhos de que eu era lésbica. O grupo A-Tal estava se desmontando, e eu me vi sozinha.

Isso acontece porque, sendo lésbica, eu não dava intimidade pros caras do rap. Lembro que, por muito tempo, eu era a única do grupo que não dava beijinho no rosto dos caras. Eu chegava e "Boa tarde". Diziam que esse tratamento era arrogância da minha parte. Eu perguntava pra eles: "Vocês beijam os caras? Então eu não tenho que ficar te beijando". Não é porque sou mulher, doutrinada desde que nasci pra agradar os homens, que eu tenho que "pedir com carinho" a um mano pra que ele faça uma base pras minhas letras.

Passei a morar na casa de praia de um amigo em Mongaguá, litoral sul de São Paulo, entre 2010 e 2011. Nesse tempo, conheci a Elisa Gargiulo, vocalista da banda Dominatrix e militante feminista que muito me ajudou em um novo caminho pelo hip hop. Ela disse que queria gravar um filme com quatro mulheres lésbicas e que a única coisa em comum entre elas seria a orientação sexual. Foi o filme *4 minas* (2012).

Se todo mundo já sabia que eu era lésbica, o que eu deveria fazer é me assumir dentro do movimento. No meio do filme, ela me apresentou o grupo Católicas pelo Direito de Decidir, uma ONG de mulheres feministas cristãs, que lutam pela legalização do aborto. A partir da leitura de um livro sobre elas, escrevi, junto com Elisa, "Ventre livre de fato" e lancei no final de 2012.

Passados cinco anos, ainda é um hino quando se fala da questão do aborto. E acabou sendo uma das principais músicas do segmento do rap feminista. Lembro que no começo, eu não entendia exatamente onde estava inserida, não sabia muito sobre a luta feminista. O que eu sabia é que era uma luta contra o machismo, contra esses caras escrotos que ficavam boicotando a gente.

Na sequência, apareceu a letra "Trepadeira" (2013) do rapper Emicida, que diz assim: "Flor de laranjeira ou primavera inteira/ São flores e mais flores, todas as cores da feira, irmão/ (Ô, essa nega é trepadeira, hein)/ Minha tulipa, a fama dela na favela enquanto eu dava uma ripa/ Tru, azeda o caruru/ E os mano me falava que essa mina dava mais do que chuchu". As mulheres ficaram muito putas! Chegaram até mim e disseram: "Você tem que responder ao Emicida". Eu pensei: "Foda-se se ele é famoso" ou se o Mano Brown é famoso...

Foram eles os pioneiros porque também nos deixaram escondidas para o hip hop. Se não temos espaço dentro do movimento é porque, por muitos anos, os homens não quiseram que tivéssemos esse espaço. Só conseguimos espaço com muita luta, e isso não pode ser esquecido. Pedimos para o Emicida deixar de cantar "Trepadeira" e ele se negou, defendo-se o tempo todo. A resposta dele foi de que eu era ignorante em estar vendo machismo naquilo. Disse que a música era uma brincadeira e que, se ele é machista, a culpa é da mãe dele, porque foi criado por uma mãe solteira.

Não tiro os méritos do artista, mas nesse ponto ele tem muito o que evoluir e se desconstruir. Não é chamando mulheres para cantar, ou fazendo música com gays, ou botar em frase de rap "vocês vão sair com medo de boceta" ("Mandume", Emicida com a part. de Drik Barbosa, Amiri, Rico Dalasam, Muzzik e Raphão Alaafin, 2016) que vai mudar de fato. Acho que ele continua sendo machista, mas é esperto e bem-produzido. Tem por trás uma grande produtora que diz o que ele pode ou não pode falar em público.

Fiz "Flor de Mulher" em resposta e foi uma tacada: "Do seu jardim nasceu a flor desobediente/ Enquanto ela existir vai ser diferente."

(A cada duas horas uma mulher é assassinada no país)
Mulher, no topo da estatística
32 anos, uma pobre vítima
Vivendo num sistema machista e patriarcal
Onde se espancar uma mulher é natural
A dona do lar, a dupla jornada,
Sempre oprimida, desvalorizada
Até quando eu vou passar despercebida
A cada 5 minutos uma mulher é agredida
E você, pensa que isso é um absurdo

A cada hora 2 mulheres sofrem abuso
Sai pra trabalhar, pra quê?
Pra ser encoxada por um zé feito você,
Que diz: "eu não consegui me controlar,
Olha o tamanho da roupa que ela usa, rapá!"
A culpada, em todos os lugares,
Violentada, por gestos, palavras, e olhares
Alvo do mais puro preconceito
Já que tá ruim, ela que não fez direito!
Objeto de satisfação do prazer
Desapropriada da opção do querer
Agredida em sua própria residência
Julgada sempre pela aparência
Numa situação histórica e permanente,
A sociedade que se faz indiferente
Questão cultural, força corporal,
Visão moral, pressão mental
Levanta sua voz e me diz qualé que é
É embaçado ou não é... Ser mulher!?"
("Flor de mulher", Luana Hansen)

Na sequência, me chamaram para cantar na Marcha das Mulheres Negras, em 2015, aí fiz "Negras em marcha" e gravei o clipe com a Leci Brandão. Ali, percebi que o que eu fazia era potente, passei a ter confiança no meu trabalho.

Deu onda

Eu sou uma cantora independente. Até hoje sou, não tenho produção. Tenho meu próprio estúdio, as músicas saem da minha casa em Pirituba, eu pego e aperto o play. Quando fiz a versão lésbica do hit proibidão "Deu onda" (MC G15, 2016), eu estava brincando! Foi uma resposta ao refrão "meu pau te ama", trocado por "minha xota te ama" e deu cem mil likes! Uau! Mas eu ainda sou aquela mulher negra que a todo momento está em conflito consigo mesma para acreditar que essa visibilidade possa ser real. O meu som já foi em lugares que eu nunca consegui ir, por que não tenho patrocínio.

Eu preciso te ter
Ir na Sarrada com você, mozão
Até curto beber e fumar maconha
Mas tua presença me deu onda
O teu sorriso me deu onda
Você chupando, mozão, me deu onda
Que vontade de lamber, garota
Eu gosto de fuder, fazer o quê?
Minha xota te ama
Minha língua te ama
Meu grelo te ama
("Deu onda versão lésbica", Luana Hansen)

Eu posso dizer isso de boca cheia: que sou uma mulher lésbica, a única que cantou na parada LGBT de 2017 e que não saiu em nenhuma foto, porque meu show foi de militância. Olha que estava vestida de prata com um chifre na cabeça, como uma "ovelha negra". É como se as pessoas não me enxergassem, porque sou lésbica, negra e independente de fato. Minha luta é diária para continuar existindo.

Em 2016, participei de um concurso para compositoras com o tema Lei Maria da Penha, por indicação de uma fã, e escrevi uma música, depois da leitura do *Dossiê da Violência com as Mulheres*. Escrevi em dois dias, mandei e ganhei na categoria amadora, considerada pelo *New York Times* a música mais completa, educativa e atual, das cinco vencedoras.

Em 2017, ganhei a medalha Theodosina Ribeiro, dada às dez mulheres negras mais importantes do ano. Fique em choque! Tudo isso me faz ver quão dura é nossa luta, mas vale a pena se manter forte. Não tenho glamour nem patrocínio porque estou falando da realidade. Foi assim que entrei nesse movimento: para sobreviver.

Vou gravar uma música que fala da história da minha vida, chamada "Luana Parte 1". Do dia em que nasci até o dia em que eu entrei no rap.

Não faço rap feminista porque virou moda ou para ganhar patrocínio das grandes empresas, faço porque é o que me mantém viva, o que me faz todos os dias pegar um ônibus e ir trabalhar. Hoje eu me sinto muito feliz pelo que eu faço e acredito que meu trabalho possa mudar alguma coisa. Mas ainda não tive o auxílio e suporte que outros artistas do movimento têm.

Somos invisibilizadas dentro do próprio movimento. Só lembram das lésbicas quando parece que está faltando alguma letra no LGBT, o L. Não posso falar por todas as mulheres lésbicas, tem que haver espaço para outras na cena também. Quem se lembra da Luana Barbosa? (Mulher negra e lésbica, vítima de lesbofobia e feminicídio praticado pela Polícia Militar na cidade de Ribeirão Preto, interior de São Paulo, em 2016.)

A Mulher Negra vai marchar contra os Racistas
Pra acabar de vez com a história dos Machistas
Pelo fim do Genocídio da Juventude Negra
Acontece todo dia não finja que não veja
Onde a parcela mais oprimida e explorada da Nação
Luta diariamente contra a Criminalização
("Negras em Marcha", Luana Hansen)

Aprendi o feminismo com muitas pessoas. Meu feminismo é o feminismo que eu acredito. Defendo, por exemplo, que mulher trans é mulher, sim, porque eu também me tornei mulher na vida. Não nasci sendo mulher, eu fui me tornando. Tanto que, por muito tempo, eu achava horrível ser mulher, porque mulher não podia fazer o que queria. Pensava que, de fato, seria melhor ser homem, mais livre. Depois que entendi o quanto a sociedade é machista, falei: "Sou mulher!".

Meu feminismo vem de quando apanhei de quinze homens na rua por ser lésbica. Aprendi ali sobre a violência contra as mulheres negras. Meu feminismo faz com que eu proteja outras mulheres para não apanharem como apanhei.

Naquela ocasião, eu ainda era adolescente, tinha 16 anos, e namorava uma menina que todos os meninos da quebrada desejavam. Ela era branca; e eu, negra. Hoje sei porque eu apanhei, e ela não. Estávamos juntas caminhando e os 15 homens vieram pra cima de mim, dizendo que, se eu queria ser homem, deveria apanhar como homem! A garota que estava comigo correu para buscar ajuda, e só assim consegui sair viva dali.

Diariamente jogavam ovo podre na minha janela, farinha, sacaneavam meus irmãos. Depois que apanhei, fui direto para favela do Piquiri, em Pirituba, e entrei para o mundo do crime. Os traficantes me disseram que ninguém mais mexeria comigo, me senti protegida. Hoje chego lá na mesma quebrada de mão dadas com a minha mina, porque sempre acreditei que minha militância tem que ser onde estou. É fácil andar de mãos dadas no Largo do Arouche, mas eu tenho que procurar mudar o lugar de onde eu vim, para que venham outros e que tenham uma vida mais sossegada que a minha.

Procuro fazer música de coisas que de fato me incomodam. Gravei *Marginal Imperatriz* (2013), meu primeiro CD, e anos depois gravei o segundo, *Negras em Marcha* (2015). Agora pretendo dar uma repaginada no meu trabalho, vou fazer um terceiro disco e quero que seja bem-produzido, quero que incomode de verdade a sociedade. Essa é a minha medíocre pretensão: fazer com que as pessoas me ouçam. Se não me ouviu ainda, vai ouvir agora!

JUP DO BAIRRO:
Corpo sem juízo

Meu nome de registro é Júlio César Lourenço Matias, sou de 1994, mas esse nome não faz parte de quem eu sou. A história do meu nome é um acaso. Foi um nome que veio pela minha mãe, de improviso, porque até o dia do nascimento tudo constava que eu seria uma menina. Meu quarto era rosa, todos compraram enxoval rosinha! Quando nasci, viram que, biologicamente, eu era um menino. A galera bugou! "Nossa! Essa Bárbara veio diferente, com uma coisinha a mais!" Até dois dias de nascida, eu não tinha um nome. Fui registrada dois dias depois, quando uma tia sugeriu meu nome. Disse que, já que eu era um menino, deveria ter um nome forte, nome de alguém importante. Minha mãe disse que deveria ser um nome de imperador: Júlio César.

Já cheguei causando na desconstrução de gênero desde o comecinho! Tiveram que mudar tudo! Logo veio o azul das roupas, mas ainda fiquei com o quarto rosa por muito tempo. Penso que deveria ser muito engraçado para minha mãe, porque as pessoas iam me visitar e lá estava eu, um menino sem roupa azul. Só com as roupinhas amarelas, neutras, porque não queriam colocar rosa em mim de jeito algum. Pelas fotos, eu parecia uma menininha pretinha do quarto todo rosa. Estava escrito "Bárbara" na parede, depois pintaram tudo de branco.

Do bairro

Minha mãe é do interior de São Paulo e meu pai do interior de Minas, se conheceram na Vila Suzana, zona leste de São Paulo. Minha mãe já tinha alguns namoradinhos, mas meu pai foi o primeiro homem dela. Até então ela namorava sem beijar na boca, aqueles namoros tradicionais onde só se pega na mão, e me contou que meu pai foi seu primeiro sexo, seu primeiro beijo. Eles se casaram e ficaram juntos até meu pai falecer.

Tivemos uma vida um tanto itinerante com meu pai, porque ele se envolvia em diversos trabalhos e tínhamos que nos mudar com frequência. Meu pai carregava uma concepção anarquista da vida, era o "doidinho" da família, bem diferente da minha mãe, pacata e de família bem pobre. Eu e ele sempre fomos muito parceiros.

Em 2007, meu pai faleceu em decorrência de algumas complicações, que até hoje não sabemos ao certo. Não saiu o laudo do que aconteceu de fato com ele. Escreveram na certidão de óbito que ele teve insuficiência múltipla de órgãos. Inclusive, o nome da minha performance é *2007*, porque ele foi uma pessoa muito importante na minha vida e, logo quando faleceu, minha cabeça começou a bugar, fiquei sem ninguém!

Sempre fui uma criança de poucos amigos. Estudei pouco tempo em algumas escolas particulares, conseguia bolsas de estudo e era sempre a única criança negra da escola. Ninguém falava comigo. Quando eu voltava pra casa, na quebrada, criava um bloqueio natural, porque, se ninguém queria ser meu amigo nem na escola nem no bairro, então eu deixaria de buscar amizade em alguém. Amizade mesmo eu tinha com minhas primas. Ia escondida pra casa delas pra brincar de boneca.

A parte da família do meu pai é meio branca e eu sempre me via numa situação de não saber quem eu era. Eu achava que todos eram iguais a mim, mas via que me tratavam com muita diferença. Achava que era por eu ser feia, e não porque sou negra. Via meus primos e primas brancos e enxergava nitidamente os privilégios deles. O reconhecimento da minha negritude veio junto com o reconhecimento da sexualidade, da identidade. Então era por isso que seguranças me seguiam no supermercado! Foi também um reconhecimento geográfico de morar na periferia, de ser preta, de ser gorda, de ser bixa, de ter um gênero questionável.

Após a perda do meu pai, tive que amadurecer. Comecei a me articular no mundo do trabalho, porque minha mãe sentia muito a falta dele, meu irmão tinha problemas com drogas e criminalidade, tudo aquilo que a margem nos empurra. Tive que ser pai e mãe da minha mãe e do meu irmão. Da minha mãe, porque ela entrou em depressão e gente pobre não reconhece depressão, não podia se dar ao luxo de ter depressão. Ela não entendia o que estava acontecendo consigo mesma. Cuidei dos dois e foi um período muito complicado, porque naquele momento eu já estava me questionando sobre gênero e sexualidade.

Como sempre fui muito sozinha, lia muito e era muito curiosa. No Valo Velho, último distrito do Capão Redondo, que fica bem na divisa entre São Paulo e Itapecerica da Serra, via aquelas travestis de quebrada, passando na rua e eu falava: "Gente, isso é maravilhoso!". Achava aquele físico lindo! Aquela estética, impressionante! E me questionava todo tempo, pois sentia que não podia dar ao luxo de me permitir aquelas coisas, afinal tinha duas pessoas para cuidar. Foi quando comecei a me anular.

Eu já fazia alguns trabalhos como modelo, já tinha desfilado, fazia propaganda, ficava pagando de bonitinha! Eu era muito grande, corpuda e, apesar da minha idade, comecei a ter pelos muito cedo. Minha testosterona era muito aflorada, então aos 13 anos conseguia fazer uns trabalhos de modelo para faixa etária de 19. Quando meu pai faleceu, comecei a ter crises de ansiedade muito fortes, distúrbios alimentares e a engordar. Perdi os trabalhos de passarela. Passaram a me colocar como figurante, aparecendo menos. Depois só foto de rosto, até pararem de me chamar.

Eu ficava muito na contenção e pensei: "Preciso começar a trabalhar de verdade, ser uma pessoa assalariada". Nossa vida foi pro espeto sem meu pai, ficávamos meses sem luz, sem água, sem comida. Mas nunca passamos fome, comíamos farinha com açúcar, mas fome minha mãe não nos deixava passar. Comecei a procurar emprego e trabalhei num clube com quadra de tênis, aos 14 anos. Os ricos ficavam jogando tênis e eu tinha que correr atrás das bolinhas.

Um dia, depois de um mês de trabalho, um cara me chamou no vestiário. Estava suado e pediu para eu passar a toalha no corpo dele. Eu, sem maldade, fiz o que me pediu esperando que ganharia uma caixinha. Foi quando ele pegou minha mão e colocou no pênis dele. Aquilo... Nem lembro bem, só sei que minha visão se fechou. Quando voltei à consciência, vi o nariz dele sangrando, porque eu tinha ido pra cima. Fui demitida e o patrão disse que não iria me pagar. Falou que se eu reclamasse, me mandaria para FEBEM, porque eu tinha batido num sócio rico e antigo.

Depois de um tempo, trabalhei de freelancer em um shopping. Mentia minha idade e quando queriam me contratar, eu dizia que estava sem documento. Quando não dava mais para enrolar, fui buscando outras opções. Trabalhei em lan house, locadora... Parei de estudar para botar comida em casa.

2007

A Jup nasceu com a ausência do meu pai. Eu sentia uma falta incalculável. Parecia que tinha perdido a única pessoa que corria por mim, que me ouvia, que me dava conselhos, dava força. Foi quando percebi que eu deveria lidar com minha dor para ajudar as pessoas que precisavam muito dele, e agora de mim. Foi aí que nasceu a Jup.

Minha grande performance foi eu ter que me virar do zero, sendo uma criança de corpo precoce, mas extremamente infantilizada. Uma criança que vivia num mundo Disney, na busca de um ideal de felicidade esperando um príncipe no cavalo branco com rosto europeu e dinheiro pra me salvar e salvar a minha família. Tive que aprender a lidar com a malícia da rua, com aquilo que a rua te propõe e o com aquilo que a rua te tira.

É muita contenção

Na sociedade em que vivemos, principalmente na favela, sair montada pra fazer show no centro é um desafio. Quando você está no palco é aplaudida, é a diva! Mas, quando você sai na rua, é foda! É muita contenção, muita vivência a ser colocada em prática para estar lá no palco, bonita e maquiada, transmitindo a ideia de todo esse processo. Sem contar que colocar o dedo na ferida, cavoucar sua intimidade, não é fácil, mas é o que tem que ser.

Meu processo de transição começou de fato quando conheci uma colega de escola travesti. Sempre fui muito precoce porque, como não tinha amigos, precisava ir atrás de conhecer as coisas do mundo, ficava curiando. Parei de estudar, fiquei um tempo fora da escola, e quando voltei vi uma *trava* lá. Uma travesti na minha escola! Eu disse para mim mesma: "Se for pra eu ter uma primeira melhor amiga, vai ser uma travesti!".

Ela era muito linda e no princípio me deu uma ignorada, nunca me levou a sério. Começamos a nos aproximar e ela foi me contando sobre hormonização, sobre como ela se hormonizava com as manas na quebrada sem intervenção médica, nem nada. Comecei a fantasiar a possibilidade de me travestir, até então eu não tinha conhecimento sobre gênero nem sexualidade. Pensei que as pessoas não falavam comigo e não me respeitavam, porque eu realmente estava no corpo errado, que se eu estivesse num corpo feminino, tudo seria validado. Achava que assim minha negritude seria validada, minha sexualidade seria validada, minha estranheza...

Comecei a me hormonizar com elas, na fase dos 15 anos, de forma totalmente ilegal, desregulada. Como não entendia nada daquilo, achava que uma maior quantidade de hormônios seria o ideal para mim. Eu tomava uma dose no dia 15 do mês, outra no dia 30 e outra no dia 1º do outro mês. Pegava o resto do hormônio que elas injetavam e pensava que dali a pouco eu seria uma mulher maravilhosa. Pensava que iria tirar uma casca de mim e virar uma mulher. Tudo estaria resolvido.

Isso trouxe muita limitação, muitos danos psicológicos e físicos. Foi no período que eu estava começando a engordar e a entrar em depressão. Ganhei peso com a depressão e com a hormonização, que me inchava muito, afinal era resto de Perlutan que eu tomava. Meu corpo se transformou e foi muito pesado. Na minha concepção, eu estava me tornando um monstro! Hoje, na minha performance, eu me aproprio muito dessa identidade de monstro. É o que eu estou externando. Naquela fase de resto de Perlutan, depois de dois anos, minha família descobriu.

Eles são extremamente religiosos, tenho um histórico na Igreja Evangélica, e me empurraram para um psicólogo qualquer, dizendo que a Jup, na época o Júlio, estava louco. Eles me empurraram uma reposição de hormônio e queriam que eu tomasse testosterona para limpar o que eu tinha tomado de hormônio feminino. Foi muito confuso e dolorido. Passei a fugir do universo feminino e comecei a me masculinizar.

Quando se para de tomar o Perlutan, ainda mais da forma errada, a própria testosterona começa a aflorar. Minha voz engrossou, comecei a ter muito mais pelos e pensei que então não era pra ser, não queriam que eu fosse mulher. Eu sou um homem, preciso me portar como um homem, por mais que eu não seja feliz. Passei a me masculinizar muito, comecei a andar com os manos da quebrada, fazer função, pagar de maloqueiro, mas, se via um rato, já saia correndo! Ficava com os manos, tentava jogar futebol, mas não rolava para mim. Sempre achei tudo isso que se dizia masculino muito chato, que esses meninos cis eram chatos. As meninas são muito mais interessantes. Apesar de todo o machismo, sempre vi força e potência nelas.

Sou gueto, bixa, pobre e preto

Passou a fase de andar com os manos, e passei a escrever algumas coisas. Já desenhava e iniciei alguns cursos gratuitos de moda. Corte e costura para mim não deu muito certo, porque não tenho coordenação motora muito boa, mas minha mãe é costureira. Sempre gostei muito de roupas, de brechós, fashionismo, coleção de moda... Foi quando engatei na área da moda e comecei a criar.

Passei a fazer camisetas customizadas, voltadas para uma demanda que eu nem sabia direito que existia: a das roupas "sem gênero". Eu queria uma roupa na qual eu me sentisse confortável e que não me deixasse parecendo um macho doido! É algo que não existia uns anos atrás, porque ou as roupas grandes eram muito caras ou eram muito caricatas, tipo "vovozona". É isso que a indústria quer, que você passe por ridículo, caricato. Hoje há um avanço da moda *plus size*, mas ainda parece que eles querem estampar o quanto você é gordo, com muita flor, cores nada a ver, estampa nada a ver com nada! Foi quando comecei a me articular e fazer minhas próprias roupas.

Sempre fui muito tímida, mas não podia ver um palco. Fazia nada com nada, só para dar close, e as pessoas diziam: "Nossa, que performance!". Por meio das roupas que estava produzindo, fui conhecendo muitas pessoas. Quando montei minha barraca de roupas no centro da cidade, conheci uma galera ligada à desconstrução de gênero, ativistas sobre as questões de sexualidade e todo esse movimento que está aflorando hoje. Eu pensei: "Agora as coisas estão acontecendo!". A partir dali consegui explicações e respostas, que eu não tinha até então, sobre meu corpo e minha vivência.

Então voltei para Valo Velho e me articulei com uma galera parar criarmos um sarau, o Sarau do Valo, e articularmos nossos pensamentos. Os meninos já estavam pensando no rap, fazendo rima sobre pegar menininhas. Customização de roupa era o que eu podia oferecer até então. Comecei a perceber que no sarau iam muitas bixas, lésbicas, muitos corpos divergentes naquele espaço, mas eles não ficavam lá, só transitavam. Eu me perguntava por que não ficavam. Entendi que ali ainda era um ambiente opressor, claro, porque aqueles corpos não se sentiam confortáveis e não se viam.

Antes, eu só cuidava da organização e levava, algumas vezes, a galera que iria se apresentar no sarau. Depois daquele questionamento, falei: "Quer saber? Da próxima vez, o sarau vai se chamar Translesbixa, esse vai ser o tema, e eu vou escrever duas poesias pra recitar". Fiquei, na realidade, morrendo de medo, a galera morrendo de medo, foi quando falei: "Pode pá, vocês estão na contenção de vocês, fazem a vivência de vocês, o corre de vocês já esta traçado, vocês podem fazer o que fazem em qualquer sarau, eu quero fazer isso nesse aqui!".

Eu tinha escrito um texto há muito tempo chamado "Sou gueto" e, na época, usava os termos gay, pobre e preto para se referir a mim mesma. Chegou um momento no qual precisei mudar o termo gay, porque não me via mais como gay nem como trans, me definia como bissexual, então usei o termo bixa. Terminei de compor o poema trocando o primeiro verso por "Sou gueto, bixa, pobre e preto". Convidamos um DJ e, quando comecei a recitar o texto, ele soltou uma base. Quando percebi, estava recitando o texto no ritmo do *beat* e comecei a cantar. Pensei comigo: "Nossa, tá ficando bom e já tá entrando em outra dimensão!". Meu corpo começava a fazer sentido ali. A música tem disso, de externalizar o suor do cu! De vir aquele nervo!

Gravaram um vídeo. Quando terminei, estava me sentindo a Mariah Carey do rap, pensava que tinha arrasado, mas não ouvi nenhum aplauso. Só teve um aplauso, da minha melhor amiga, e todo mundo ficou com cara de choque, tentando entender o que tinha acontecido ali, meio envergonhados de olhar para mim. Depois entendi que aquilo tinha sido um choque. Aquela galera não havia tido contato com questões de gênero e, lá na periferia Valo Velho, isso é muito mais difícil. Sempre foi muito difícil ver pessoas trans, lésbicas, bixas vivendo lá, a não ser em trânsito, indo para algum bar, boteco. Fiquei anestesiada com tudo.

Pedi para me mandarem o vídeo e resolvi publicar no Facebook, para afrontar a quebrada. Eu estava muito bonita naquele dia. Alguém viu e me convidou para me apresentar em um Festival Queer, em 2015, na Ocupação Ouvidor 63. E eu só tinha uma música...

Indo além

Comecei a escrever, fui criando um som. Lembro que, naquele evento, cantei um *cover* de algum funk da Valesca Popozuda e ainda compus uma música muito rápida, que foi "Falador passa mal". Muita gente não me conhecia, e fui muito elogiada. Desde então não parei, e me chamaram para o palco Liquidação, na Virada Cultural, em 2013. Passei a fazer show em boate, logo quando estava aflorando essa cena *queer* em São Paulo.

Às vezes nem rolava uma verba, era mais pelo fazer nesse momento artístico. Entendi a importância de fazer minhas performances em lugares onde não via pessoas pretas fazendo. O pessoal que participava e produzia esses rolês, além de não serem pretos, eram pessoas da academia, pessoas de formação intelectual. Pensei que eu estava, então, lidando com essas pessoas universitárias, que estão me escutando, e eu parei no terceiro ano, nem terminei o ensino médio.

A partir dali, não parei mais. Mas também buscava outras formas de sobrevivência, porque apesar de estar sempre em movimento, cantando em eventos e festas, a maioria dos cachês na época era de cinquenta reais, o valor da minha passagem. Era na resistência mesmo, mas eu fazia da mesma forma.

Fiz uma coleção de roupas chamada *Indo Além*, em parceria com a festa Calefação Tropicaos, na qual eu oferecia uma oficina de *tie dye*. A galera levava a roupa, aprendia a fazer a customização das peças e, no fim, eu as distribuía para pessoas em situação de rua. Depois brequei na moda e hoje produzo mais pra mim e para minhas amigas mesmo, quando dá uma loucura de fazer.

Eu sou um corpo

Sou trans não binária até o momento. Mas gosto de me reconhecer como um corpo. Acho que um corpo pode ser infinitas coisas. Sou um corpo e estou em busca de atender aquilo que sou, quem eu posso ser a partir desse corpo. O resto que eu possa adquirir na vida são recortes. Uso mais o não binarismo, a fluidez de gênero, para me definir mais, para ter alguma coisa que falar, mesmo porque acho que sou tão fluidez, tão não binário, que nem não binário eu sou! Gosto justamente de estar em trânsito. Um dos poucos luxos que posso me dar hoje é o da dúvida. Quero mais interrogação do que ponto final. Agora eu posso me permitir.

A respeito da orientação sexual, sou pangênero. Para mim não tem tempo ruim! Acabo usando socialmente o termo bi, porque a galera fica meio assim... "Pansexual?!". Dá um bugue! Trans não binária pansexual. Daqui a pouco vai ter gente dizendo que é um ciborgue!

Bixa Preta TRÁ TRÁ TRÁ

Meu encontro com a Linn da Quebrada foi num desses palcos do rap, ela ainda estava transitando. Linn fazia performance com uma galera que eu já conhecia, se apresentando em um palco, enquanto eu estava indo para outro no festival SP na Rua, em sua primeira edição de 2014. Cruzamos ali, pois tínhamos amizades em comum e, quando vi a Linn, pensei: "Nossa! Que bixa linda! Socorro!". Fiquei mordida. Ela se apresentou, cheguei até ela e soltei uma piadinha muito ruim: "É Linn de Linda?". Nunca falo nada e quando vou falar, solto uma dessas! Ela esboçou uma cara de sem graça, também fiquei constrangida e pensei que se eu quisesse cantar a bixa, tinha acabado de perdê-la.

A partir dali passamos a nos ver com mais frequência, porque caíamos nos mesmos eventos de performance, fazíamos as mesmas festas. Acabamos nos aproximando e foi nascendo nossa história de parceria no palco. Eu estava produzindo meu EP, *2007*, que ainda não finalizei – não tenho nada gravado, só uma demo feita em casa –, e tive problemas com a DJ que me produzia. Linn estava começando a compor e propus de cantarmos juntas. Piramos no lance das duas vozes! Vimos que nos dávamos muito bem no palco e que deveríamos fazer um corre juntas. Estamos até hoje nessa contenção!

Meu EP é algo muito experimental, não é muito consumível, mercadológico. São músicas de performance. Quero contar o que aconteceu de 2007 até 2017. Nesses dez anos, o encontro com este corpo sem juízo passou pelo que eu já fui e pelas possibilidades do que eu ainda posso ser. É um vômito, uma catarse, um pedido de ajuda ou uma mão que ajuda.

"Corpo sem Juízo" (2016) é a última que compus. Uma canção atemporal. Vejo minhas composições antigas e penso o quanto mudei de pensamento! É justamente isso, de você se permitir o erro, permitir o ousar, permitir o trânsito, permitir que se possa errar, porque, afinal, estamos falando de corpos, estamos falando de existências. Nós magnetizamos aquilo que queremos transcender, o que queremos passar e como queremos morrer.

É conquistar e diante da morte permanecer imortal
É como lançar a própria sorte, não ter direito igual

Mas eu insisto, eu resisto, eu insisto
Não quero o controle de todo esse corpo sem juízo
Um corpo sem juízo que não quer saber do paraíso
Mas sabe que mudar o destino é seu compromisso
("Corpo sem juízo", Jup do Bairro)

Nós queremos existir

Eu sou daquelas que acredita muito na internet. Acho que a internet foi um meio bem bafo! A internet nos deu a possibilidade dos encontros fora das bolhas, até mesmo em outras bolhas! Mostrou que não estamos sozinhos e que podemos fortalecer com maior intensidade nossos diálogos de existência, de possiblidades daquilo que podemos ser. Começamos a nos ver de fato, a nos reconhecer de uma forma que não podem mais fingir que não existimos. Não dá para esconder nossa vontade, nossa sede. Nosso barulho se tornou algo insustentável.

Temos que cair cada vez mais pesado, mas reconhecendo os corres que fizeram para que nós chegássemos até aqui. Por mais que esse movimento todo pareça muito novo – e porque agora todo mundo quer saber da pessoa trans, "O que fazem? O que comem? Como vivem?" –, não podemos cair na cilada de achar que somos exclusivas. Estamos falando hoje, porque antes houve muito sangue e muita morte para que pudéssemos construir nossa história. Temos que estar cientes de que também estamos entrando para a história. Chegou o momento de falar algumas verdades que não existiam e criar novas verdades, repensar de maneira mais coletiva e menos individual. Mas não pode virar uma corrida maluca pelo protagonismo, que só vai atingir algumas pessoas, é um funil.

Gosto de realizar um trabalho que vise novas possibilidades. Estou externando minha vivência e não tem nada de sobrenatural nisso! Não sou um animal que saiu de um circo e começou a falar, sou uma pessoa que agora está ocupando um local de fala. Estamos fazendo música de qualidade nas nossas vertentes e realidades. Estamos revertendo não só uma cena, mas um país inteiro! Estamos vivas e queremos ser vistas, porque existimos! Queremos existir e merecemos existir.

Minhas maiores referências são as pessoas que não estão nos holofotes: a rua, o lugar onde encontro a resistência da minha mãe, que conseguiu me criar e criar meu irmão, meu pai que foi um homem extremamente corajoso... São as pessoas que eu olho nos olhos e sinto que falta alguma coisa que nem elas sabem o quê.

Vaso ruim

Houve um evento de confraternização em uma feira de elite na qual fui convidada a performar, onde fui extremamente humilhada e hostilizada. Tanto por eu ser preta, por eu ser trans, quanto por estar com uma roupa considerada inadequada ali. Essa situação me marcou muito. Fui para casa chateada, fiz um texto que correu muito, deu muita visibilidade, comecei a sofrer ameaças ao mesmo tempo que recebia solidariedade. Meu Facebook caiu. Estava mexendo com pessoas muito ricas.

Resolvi fazer uma tatuagem, eu tinha uma agulha e um pouquinho de tinta em casa. Fui até a frente do espelho e comecei a escrever no meu rosto "Vaso Ruim" por nove horas seguidas. Foi justamente para simbolizar a existência da Jup, esses dez anos de "Corpo sem Juízo". Nem senti dor. Não sabia dessa coragem!

Minha busca daqui para frente é a (r)existência diária na música, na contenção. Não falo em felicidade. Gosto de buscar uma mínima paz de espírito, minha plenitude. Não é sobre ser feliz, mas sobre estar plena. E eu estou bem plena comigo mesma.

TÁSSIA REIS:
Afrontamento

Meu nome é Tássia dos Reis Santos, nasci em 1989, em Jacareí, região do Vale do Paraíba, em São Paulo. Sei pouco sobre a história da família do meu pai, sei um pouco mais sobre a família da minha mãe. O meu avô era maquinista, homem gigantesco, grandão. Minha mãe sempre disse que ele se parecia bastante com o cantor Péricles. Ele trabalhava muito e ainda plantava algumas coisas no quintal. Conheceu minha avó na roça, ela era de lá, e se casaram.

Minha mãe e meu pai se conheceram em um ensaio de escola de samba. Lá em Jacareí, os dois eram de escolas rivais, meu pai do Santa Helena e minha mãe do Bafo da Onça. Os dois não iam com a cara um do outro pela própria rivalidade do carnaval, até que um dia resolveram se falar. Começaram uma amizade, virou namoro e depois resolveram se casar. Os dois sempre foram de dançar, se divertir juntos. Estão juntos até hoje, aos trancos e barrancos, mas estão. Tenho menos prejuízos nesse sentido, minha família é muito amorosa, muito festiva.

Tenho dois irmãos, e sou a caçula. Meus pais saíam bastante no carnaval, mas quando nasci eles deram uma segurada. Tenho lembranças de assistir ao carnaval com a minha mãe na TV e também de vê-la desfilar. A primeira vez que desfilei num bloco de carnaval foi com uns 8 anos.

Hoje eu consigo analisar minha mãe de uma maneira diferente. Eu achava que ela não sabia o que estava fazendo com nossa educação por deixar que fizéssemos o que queríamos. Quando eu era criança e comecei a dançar, minha mãe dizia: "Dançarina pode tudo". Comecei a jogar vôlei, e minha mãe dizia: "Você é atleta, atleta pode tudo".

Asas

Joguei vôlei até os 14 anos, até que comecei a praticar danças urbanas. Foi ali meu contato com o hip hop, o ambiente que me formou politicamente. Minha mãe falava: "Você é dançarina, você pode tudo", e eu respondia: "Pra senhora, todo mundo pode tudo!". Quando me tornei cantora, aos 20 anos, ela ainda falava a mesma coisa, que eu podia tudo. De certo modo, senti mesmo que podia tudo, que podia fazer qualquer coisa que eu quisesse.

Meu pai falava, quando eu estava na barriga da minha mãe, que "essa menina ainda vai ser artista". Acho muito linda a forma como eles criaram a mim e aos meus irmãos, família preta do samba. A mãe dizia que não tinha me criado para ficar debaixo da asa de macho. E acreditei muito nisso.

Estudei numa escola boa, tive aula de inglês na primeira série, aula de artes. Até que nos mudamos de casa, e fui para uma escola de bairro. Meu pai tinha sido mandado embora do emprego e, com a rescisão, deu entrada numa casa. Fomos para um bairro perigoso, o CECAP, e estudei em uma EMEI da prefeitura. Um choque, porque o que eles estavam ensinando na segunda série, eu já tinha aprendido na primeira.

Eu fui até o pelorin pra entender
O que já nasci sabendo mas preciso comprovar pra crer
Que todo axé que faz minha pele tremer
É a força que me trará transcender pra acender
Uma fagulha ou um pavio que transforma em uma revolução
Um lacre primaveril
É engraçado, mas não é brincadeira, viu?
Não toleramos mais o seu xiu
Ouça-me, ouça-me, ouça-me"
("Ouça-me", Tássia Reis)

Sobre ser uma menina negra, eu não tinha muito entendimento disso. Eu me sentia fortalecida dentro de casa. E, por ser uma pessoa de muita personalidade, sempre fui impopular. Lembro que os meninos me enchiam de apelidos, porque eu gostava de jogar bola. Meus pais não me podavam no sentido de que eu tivesse que fazer apenas coisas de menina. Isso nunca foi uma questão na minha casa, mas na escola os moleques pesavam.

Lembro também de ouvir na infância xingamentos racistas: "Sua macaca, nega fedorenta", coisas desse tipo. Uma menina branca e loira, que me irritava muito na escola – e eu achava chata –, era um verdadeiro terror para as pessoas negras. Aquilo me incomodava muito. Um dia ela fez com que eu me sentisse mal e, quando ela foi se sentar na sala, puxei a cadeira dela e ela bateu com a cabeça no chão. A menina chorou muito e eu me senti ainda pior. Queria que as pessoas rissem dela, mas não queria machucá-la. Eu chorei também.

Tentei ser ruim na escola, mas não deu certo! Outra coisa que acontecia com frequência é que quando os colegas me enchiam o saco, e eu contava para professora, nada acontecia. Mas ia eu pentelhar a loirinha da sala! Aí a professora ia falar comigo. Até nisso a branquitude tem vantagem.

Quer saber
O que me incomoda, sincero
É ver que pra nós a chance nunca sai do zero
Que, se eu me destacar, é pura sorte, jão
Se eu fugir da pobreza não escapo da depressão, não
Num quadro triste, realista
Numa sociedade machista
As oportunidades são racistas
São dois pontos a menos pra mim
É difícil jogar
Quando as regras servem pra decretar o meu fim
Arrastam minha cara no asfalto
Abusam, humilham
Tiram a gente de loco
Me matam todo dia mais um pouco
A cada Cláudia morta, a cada Alan morto
Se não bastasse essa injustiça e toda dor
Transformam adolescentes em um filho da puta de um malfeitor
É complicado essa anedota, não acha?
Mas hoje ouvirão verdades vindas dessa racha"
("Afrontamento", Tássia Reis)

Meu processo de consciência racial veio com o hip hop, mas foi e é um processo longo. Com o hip hop, eu consegui me enxergar. Consegui ter referências atuais do meu tempo, que eu sentia falta. Na adolescência, eu gostava de Clara Nunes, Jovelina Pérola Negra, Fundo de Quintal e Jorge Aragão, porque minha mãe ouvia sempre. Essas referências eram presentes na minha casa. Mas seria diferente se eu tivesse uma Tássia Reis ou uma Karol Conka na época. Tão próximo, tão perto. Um próximo real!

Fui me enxergar na música com 14 anos e com referências gringas, não daqui. A primeira vez que tinha me visto um pouco em alguém da mídia foi na Pata (Aretha Oliveira) da novela Chiquititas (SBT, 1997), e mesmo assim não era nem tão eu! Ela tinha um cabelo cacheado tipo 3B. Até conhecer Lauryn Hill, Beyoncé e o CD *Black Total* com Erykah Badu (1998), em 2003. E, para dançar, eu me espelhei na Ciara.

Na mesma época, por causa do carnaval, fiz um grande amigo. Quis sair na comissão de frente, mas não me deixaram, porque eu não fazia parte das dançarinas oficiais, só me deixaram sair na bateria. Saí na bateria do carnaval em Jacareí. Ali, fiz amizade com um menino que me levou na aula de danças urbanas: *street dance*. Quando dei de cara com aquilo e vi que era o tipo de dança que tinha nos clipes da Ciara, fiquei apaixonada!

No espaço de dança que frequentávamos, que pertencia à prefeitura e se chamava Casa da Juventude, existiam várias outras oficinas, além de eventos e festas. Esse amigo tinha um conhecimento grande sobre o hip hop, sobre a Zulu Nation, a instituição que juntou os elementos como rap, grafite, *street dance*, e falou: "Isso aqui é hip hop". O rap estava despontando de um lado, o grafite de outro, o DJ e o MC foram se formando juntos nas festas, e o pessoal a dançar, dependendo do bairro, de um jeito único...

Esse mesmo amigo tinha uma bancada com livros sobre direitos civis e de filmes sobre dança urbana. O contato com essas fontes me formou politicamente. Dizer que li todos esses livros não é verdade, mas saber que eles existiam já foi foda! Aquela vivência foi um ponto alto, fez com que me sentisse parte de alguma coisa pela primeira vez na vida, desde o carnaval, que era coisa de família. Foi como me sentir parte de algo do meu tempo. A partir dali, começamos a dançar em eventos. Foi uma época que a cultura hip hop estava muito aquecida.

Meu rapjazz

Quando eu escrevi "Meu rapjazz", não estava pensando na cena rapjazz ou no gênero rapjazz. Só estava pensando na união das coisas. Quando comecei a cantar e a compor, por mais que eu já fosse do hip hop, não pensava em fazer rap. Estava escrevendo uma música que, na verdade, era um funk soul. Já tinha escrito outras coisas antes, mas a música que tive coragem de mostrar para as pessoas foi essa. Naturalmente, eu já estava inserida no hip hop. É o meu *life style* desde os 14 anos.

Então, aos 19, eu já estava envolvida até o talo no hip hop. Quando me dei conta que estava fazendo rap, andava com umas dançarinas de vários grupos de *street dance*. Existiam vários grupos na cidade naquela época, mas eles foram diminuindo com o tempo. Quando percebemos que éramos minoria e aquilo poderia acabar, nos juntamos. Com a maioria de mulheres pretas, fizemos nossa *crew*. Não era um grupo de competição, nós só treinávamos. Chamamos Soul Diva Crew.

Éramos sete minas. O número sete está sempre me acompanhando de uma certa forma! Fomos para São Paulo e tocávamos o terror! Chegávamos nos eventos e todos queriam dançar com a gente. Apesar disso, sentíamos que tudo era mais difícil para as meninas. Se você fosse muito pra "frentex", você era tirada no rolê. Mas estávamos tão fortalecidas na nossa que, quando chegávamos aos eventos, geral falava: "Essas minas são foda".

Era como se fosse assim: aqui estão os melhores, e os melhores são homens. Poucas mulheres podiam entrar naqueles espaços que acessávamos. Uma barreira invisível, mas existia. Não perguntávamos para ninguém se podíamos entrar. Nós apenas ocupávamos. Fomos muito afrontosas! E, na época, eu não tinha a percepção política que tenho hoje, como feminista negra interseccional, mas na prática afrontávamos! Já tínhamos sacado o machismo no meio hip hop. Como isso incomodava!

Num desses eventos de dança com show de rap, chamaram para rimar no palco duas pessoas, um cara e uma mina. Minhas amigas começaram a gritar meu nome e alguém da organização ouviu e me chamou para o palco. Foi a primeira vez que rimei ao microfone na minha vida. Foi em 2010. Senti uma adrenalina correndo pelo meu corpo, muito diferente de como eu me sentia na dança.

Não há estrutura no Brasil para ser um dançarino de danças urbanas. É um ato de resistência real. São poucas as oportunidades e as opções: ou você dá aula ou você dança com artistas. Por um momento, achei que eu tivesse que ir morar fora do país para seguir na dança, mas quando me deparei com o rap, a música começou a ser uma realidade na minha vida. O rap entrou, e senti que ele tinha a cor de algo novo. "Mano, eu posso fazer o bagulho! Eu posso fazer!", pensei. Lembrei do que minha mãe dizia...

Calma, preta

Aquilo foi em 2010, mesmo ano em que ganhei o ProUni e fui estudar em São Paulo. Sou graduada em tecnologia de design de moda. Foi quando passei o maior perigo da minha vida. Consegui um emprego no meio daquele ano. O primeiro semestre da faculdade foi um dos momentos mais angustiantes da minha vida, porque eu não tinha onde morar. Fiquei um mês na casa da tia de uma amiga, na Cidade Tiradentes, zona leste. Até que a mulher saiu de férias e eu fiquei sem lugar, porque ela não quis deixar a chave da casa comigo. Ela não me conhecia e eu só tinha 20 anos.

Fiquei um tempo indo e voltando de Jacareí, mas eu não tinha grana suficiente para esse trânsito o tempo todo. Era pegar o ônibus da meia-noite para Jacareí, chegar em casa 2:30 da manhã. O ônibus para de rodar lá a meia-noite, então eu tinha que ir da rodoviária até a casa dos meus pais a pé, por uns 40 minutos, sozinha. Faltei algumas aulas porque não tinha como pagar a passagem. Até que uma amiga de São Paulo me convidou para uma batalha de dança e para ficar na casa dela. Deixou que eu passasse uma semana lá, porque eram dias de provas na minha faculdade. Esta semana se alongou por vinte dias.

Ao mesmo tempo, conheci uma professora da minha faculdade, uma mulher preta que me viu e veio falar comigo. Essa mulher é a Claudete Alves, cientista social e política. Ficamos amigas. Ela passou a me dar um suporte, oferecia carona. Lembro de uma vez em que me encontrou, e eu estava bem triste. Eu só tinha dois reais para comer e comprei um sonho, onde vendia sonho por quilo. Ela me viu e me chamou para almoçar.

Na casa da amiga onde eu estava, uma república, vagou um quarto. Era a brecha que o sistema queria! Eu precisava justamente de um lugar para morar. Enquanto isso, Claudete Alves me chamou para trabalhar como recepcionista no Sindicato de Educação Infantil de São Paulo. É o que acontece quando duas mulheres negras se reconhecem e se fortalecem.

Se avexe não
Não chore
Nem se demore nesta dor
Porque acalanto do seu coração está vindo
E é tão lindo quanto está canção
("Se avexe não", Tássia Reis)

E já que tô aqui, quero voar

Fazer moda foi muito importante para mim. Eu sempre gostei da estética no sentido plástico das coisas, de transmitir mensagens. Aprendi a mandar mensagem sem falar: na roupa, com a dança, com a expressão, com as cores. Com a música, sinto que eu também estou falando esteticamente. E o gosto pelo brilho das coisas vêm da vivência familiar no carnaval. Eu não parei para desenhar a estética da Tássia Reis, é o meu *life style* real. Minha estética é muito verdadeira e bate muito com que eu falo. Sou leonina e gosto de brilhar.

Quando eu me vi pela primeira vez naquele palco em 2010, fazendo rima, decidi que iria fazer música. Naquele dia, conheci três rapazes de Jacareí, que foram assistir a um show de rap. Um deles, em especial, me ajudou muito. Eu não sabia fazer rap, sabia fazer *freestyle*, mas a métrica do rap, a batida, eu não sabia criar. Naquele dia, voltamos juntos para Jacareí e começamos a nos encontrar com frequência, pois éramos vizinhos de bairro. Eu tinha facilidade para fazer melodia, e ele para fazer rap. Aprendi a usar o recurso de melodia no *flow*, que é um jeito de cantar e de dividir a música. Passei a escrever muito. Aprendi a fazer a métrica e treinava sem parar.

Em São Paulo, naquela época, eu ia às festas de rap e hip hop praticamente todos os dias. Na segunda-feira tinha uma no Marypop, na rua Barão de Campinas. Na terça, tinha na Barra Funda. Na quarta, no Clube do Rap. Na quinta-feira, no Sintonia. Domingo tinha Sambarilove. Eu, como dançarina, entrava de graça em todas festas e ainda ganhava uns *drinks*!

Fui entendendo o que me inspirava. Inspiração, para mim, é um estado. Quando sentia algo diferente, eu precisava escrever. Qualquer coisa valia. Acontecia geralmente quando eu estava em movimento, no ônibus, no trem, ou no trabalho. Também quando eu ia mexer na água, como lavar louça, tomar banho. Nisso, escrevi muito e muita coisa, eu não usei de cara. Muitas outras, usei mais tarde.

A maioria das músicas do meu EP *Tássia Reis* (2014), eu havia escrito em 2010. Ali, me entendi enquanto compositora. Mostrava para amigos cantores o que eu estava escrevendo e cantando, e eles achavam minha voz bonita. Começaram a me chamar para participar de músicas e de shows, principalmente fazendo refrão.

O processo do EP foi lento. Estava ainda muito confusa com minha identidade musical. Eu cantava, mas também rimava. Até que entendi que deveria fazer algo mais rimado ainda, se não o rap não iria entender minha linguagem enquanto rap. E, na realidade, eu acho que eles ainda não entendem! Há uma dificuldade em identificar a qual gênero musical eu pertenço. Alguns consideram que eu canto *rhythm and blues* (R&B), mas eu vejo muito mais coisas. Ninguém questiona a Erykah Badu dentro do hip hop, por exemplo. Minha música tem muito samba, tem soul, tem jazz.

O jazz eu descobri depois, quando comecei a ouvir algumas cantoras jazzistas e vi que eu também fazia aquilo. Aquele *drive* (efeito grave de ligeira rouquidão na voz) de alguma forma na minha música, as "voltinhas" (melismas) que elas fazem com a voz. E são mulheres, em sua maioria, pretas. Fiquei encantada! Isso tem a ver com meu rapjazz.

No princípio, algumas pessoas que estavam me direcionando no processo do EP, queriam me levar para outra coisa, bem diferente do que faço. Elas me encaixavam no R&B. Na minha música tem R&B, mas não é só isso! Continuei escrevendo. Durante dois anos, tentei produzir alguma coisa num estúdio em Jacareí, mas nada deslanchava. Foi em 2012 que finalmente entendi minha linguagem de cantar e rimar ao mesmo tempo, de misturar. Assumi a bronca.

No final daquele ano, me chamaram para participar de uma *mix tape* só com mulheres. Compus rapjazz a partir de uma primeira frase: "Eu fico sempre na moral/ Mas, sabe, más notícias abalam o meu astral". Acabou que essa *mix tape* das garotas não saiu. Acredito que é porque, para as minas, é muito mais complicado entregar as coisas no prazo. Muitas MCs têm uma vida difícil. As mulheres trabalham, têm filhos e ainda são donas de casas. Ou seja, dão conta de muitas vidas. Nesse caso, eu tinha menos prejuízos, socialmente falando, menos demandas para atender e podia me dedicar.

A produtora Esquina da Gentil resolveu lançar uma música de cada vez, já que a *mix tape* não deu certo, e lançou a minha. Chegamos a três mil *players* por dia. Música independente, sem selo nem identificação, "Meu Rapjazz" começou a pipocar nos portais de rap. As pessoas passaram a me conhecer. A parti dali, chamei a cantora Lívia Mafrika para firmamos uma parceria nos shows. Chamamos fotógrafa, dançarina, pensamos no *style*, fizemos uma página no Facebook, canal no YouTube e subimos a música oficialmente como meu single. *BUM*! Foi só decolando.

A revolução será crespa e não na TV

Meu encontro com as Bahias, com Liniker, com essa galera que está desconstruindo gênero, veio depois, na época do projeto Salada das Frutas, quando nos juntamos para fazer shows pelo Brasil com o incentivo da Avon. Em 2014, eu já tinha algum contato com o trabalho de Angela Davis, pude ir a algumas mesas de conversa e ouvir as pessoas falando sobre gênero. Não era tão efervescente como hoje. Passei a acompanhar a Djamila Ribeiro pelo Facebook, a ler o que estavam escrevendo as Blogueiras Negras. Aí vem Beyoncé falando sobre feminismo, a escritora Chimamanda Ngozi Adichie. Quando comecei a descobrir as pensadoras brasileiras e sua produção feminista negra, foi como tirar um véu para entender as opressões que sofria. Passei a produzir música falando sobre a opressão que vivi e vivo.

O rap, especialmente, é ainda um ambiente muito machista. Certa vez participei de um projeto com bastante publicidade envolvida e encabeçado por um grande artista do rap, muito conhecido no meio, principalmente por suas posturas dentro do movimento negro. O contrato não era bom e o grupo desse projeto agiu de forma antiética comigo. Quando eu e minha produtora reclamamos do contrato, tentaram nos coagir. O que seria apenas uma conversa, virou uma bola de neve. Disseram que estávamos muito abaixo deles e que tinham nos dado uma oportunidade ímpar. Não nos trataram com dignidade. Fui ameaçada por esse artista de nunca mais fazer algo bom na música, de que nunca mais eu seria alguém nesse meio. Pois aqui estou.

Ouça-me

Em "Desapegada", do disco *Outra esfera* (2016), fiz o refrão "é tão solta quanto o vento indica", num momento no qual me conectei com a questão de Oya, orixá que me acompanha. *Outra esfera* é a presença negra em minha vida, na minha casa, na minha família, aquele ambiente negro musical do carnaval, o hip hop, o Ilê Axé que frequento. Escrevi primeiro "Lama" e "Afrontamento". Esta última foi uma das músicas mais violentas que já fiz. Em 2014, houve o assassinato da Cláudia Silvia Ferreira, uma mulher negra vítima da violência policial, arrastada por cerca de quatrocentos metros por uma viatura. Quis escrever sobre o genocídio da população negra.

Meu rap é crespo, melanina nesse rolê
Meu hair é bom, o que já não faço questão de ser
Eu vou ser ruim que é pra você perceber
Se não me dar o valor ceis vão pagar muito caro pra ver
("Ouça-me", Tássia Reis)

Eu escrevi "Ouça-me" no final de 2015, momento em que estava me entendendo afetivamente, entendendo a relação que eu tinha com os homens e que eles tinham comigo. Consegui traçar um ponto em comum nas relações que os homens estabeleciam comigo, que era de meter o louco, de querer ficar, mas não ter a coragem de me assumir, de se sentir mal porque estava brilhando ou tendo mais sucesso que eles. Minhas relações sempre foram curtinhas, mas, a maior parte do tempo, eu me relacionei com homens negros. Comecei a escrever "Semana vem" a partir da análise que fiz dessas relações. Mas, apesar da minha orientação heterossexual, minha música não fala de um lugar heteronormativo de como se relacionar. Falo de mulheres, mulheres negras livres, que querem ser amadas e respeitadas em toda a sua complexidade, que chegam e mandam a letra do que querem, de como querem.

Vaidoso, mas não segura a barra, foda-se sua marra
Se for só pra sarrar tem vários, otário de quem acha

Pois quem me vê agachar no baile, não sabe de nada
Os cara é estiloso e até demonstra audácia
Alguma perspicácia de se admirar
Mas ainda tá pouco, eu exijo eficácia
Pois pra pegar a Tássia, precisa melhorar
Semana vem, semana vai"
("Semana vem", Tássia Reis)

ANDERSON TORRES

ERICK BARBI:
*Ser eu mesmo não
é nenhum pecado*

Meu nome de registro é Érica Penacchi Barbi, nasci em 1978, em Campinas, interior de São Paulo, mas desde pequeno eu tinha sensação de ser um menino. Sou Erick Barbi. Quando comecei a questionar e a me perguntar sobre isso, tinha 4 anos de idade. Não entendia porque eu tinha que fazer coisas de menina se eu era um menino dentro da minha cabeça.

Meus pais me orientavam a ser uma menina, mas nunca aceitei aquilo, logo na primeira infância. Vivia com a sensação de que as coisas iriam mudar. Já na segunda infância, a partir do contato com o mundo, comecei a entender que aquilo que eu pensava que iria se consertar durante o percurso, não acontecia. Não virei um menino do dia pra noite.

Sempre tive uma aparência masculina, cabelo curto, jeito de moleque e nunca usei saia. Minha mãe até brigava comigo, mas não tinha jeito de me colocar numa roupa feminina. Quando ela me apresentava a outras pessoas, eu dizia que meu nome era Eric.

Na adolescência, a ficha caiu: de fato, nada mudaria. Os hormônios começaram a aflorar e todas as características femininas apareceram. Veio a menstruação e aquilo foi uma sentença pra mim. Engoli o choro, a princípio, e depois passei a me revoltar. Tive pensamentos suicidas. Introspecção. Agressividade. Mas, ao mesmo tempo, eu me disfarçava, passando por uma pessoa extremamente alegre para esconder minha dor das outras pessoas. Aqui dentro, eu era um vulcão em erupção. Dentro de casa, eu externava um comportamento agressivo, pois não sabia se isso que eu sentia teria conserto. Pensava que eu era uma aberração.

Como sou de família católica e cresci ouvindo que tudo que saísse da norma do gênero era pecado, pronto! Eu era então uma aberração! Quando não se conhece sobre sua sexualidade, é normal pensar que você é a única pessoa no mundo que age de determinada forma, até porque eu não conhecia ninguém que fosse como eu. Via alguma coisa ou outra da televisão, pelas notícias sobre a Roberta Close, por exemplo. Achava que aquilo ali seria meu fardo e que teria que carregar pelo resto da minha vida.

Até descobrir o que é transexualidade, porque até então eu devia me enquadrar numa caixa. Nasci biologicamente feminina, mas me interessava por mulheres. "Então, eu sou lésbica?", me perguntei. Tentei me encaixar naquilo, porque lésbica é uma mulher que sente atração por outra mulher, mas eu não me sentia mulher. Rejeitei então a definição de ser lésbica e foi muito confuso, muito doloroso.

Boys don't cry

Assumi um namoro aos 19 anos, quando dei meu primeiro beijo em uma amiga. Era minha melhor amiga. Ela se apaixonou, mas disse que se apaixonou pela figura masculina que via em mim. Dizia que não sabia o que estava acontecendo, porque sempre se atraiu apenas por homens, mas viu um homem em mim. Foi um *start*. Ela fazia psicologia na época e me deu um livro chamado *Os onze sexos: as múltiplas faces da sexualidade humana*, do psiquiatra Ronaldo Pamplona (1994). Ele falava apenas sobre mulheres trans, então coloquei na cabeça que não existiam pessoas como eu.

Aí estreou no cinema o filme *Boys don't cry*, em 2000, que conta a história de Brandon Teena (Hilary Swank), um homem transexual americano, que foi violentado e assassinado. Aquilo mexeu muito comigo, entrei em estado de catarse ao descobrir que existiam pessoas como eu. Chorei por uma semana! O próximo passo era saber o que fazer com isso.

Naquela época, eu passava a madrugada procurando informações ou pessoas como eu. Encontrei homens trans fora do país, que mandavam fotos e vídeos do processo de transição hormonal. Até que encontrei alguém aqui no Brasil, um homem trans carioca que, em 1988, escrevia para uma coluna de um blog até então GLS (hoje LGBT) do Rio Grande do Sul. Começamos a conversar e nos tornamos melhores amigos. Ele me mostrou os caminhos que eu poderia tomar, hormonoterapia, mastectomia, psicólogo, cirurgião... Foi uma escalada até chegar o dia de hoje.

Muitas vezes os homens trans não sentem a necessidade de passar pela hormonização e cirurgia. No meu caso, só me enxerguei enquanto homem após modificar o meu corpo. Ainda tenho alguns fantasmas que me perseguem. Qualquer característica feminina que me denunciasse, era um incômodo. O dia mais marcante nesse processo foi o da cirurgia de retirada dos seios, em 2004. A autoestima veio com tudo, pois aquela parte do meu corpo não fazia sentido para mim. O ano de 2008 foi a finalização de todo o processo de transição e consegui alterar meu nome de registro. Chegar a algum lugar e apresentar um documento com um nome, enquanto sua aparência diz outra coisa, é um constrangimento enorme. Passei por uma blitz na qual os policiais jogaram meu documento de mão em mão, fazendo piada. É como se você não fosse você mesmo.

> *Que agora eu vejo a minha face do outro lado*
> *Estou certo de que sou assim*
> *Ser eu mesmo não é nenhum pecado*
> *E o espelho já não vai rir de mim*
> *Eu quero aproveitar*
> *Tudo que o mundo vai me dar!*
> ("Tudo que o mundo vai me dar", Erick Barbi)

Tudo o que o mundo vai me dar

Com 3 anos, no batizado da minha irmã, subi no altar e cantei "A guerra dos meninos" (1980), do Roberto Carlos. Quando era pequeno, gostava muito de Ney Matogrosso, achava que a figura andrógina que ele apresentava no palco era perfeita, e era apaixonado pelas músicas dele. Com 9 anos, meu pai me deu um violão, comecei a cantar e a compor algumas musiquinhas. A entidade arte não tem preconceito, ela te aceita como você é, e ali eu era admirado, não importava a roupagem. A arte foi um lugar no qual eu joguei minha âncora e aportei.

Aos 15 anos, já estava fazendo show profissional. Montei uma banda, tocava em bailes por Campinas. Chegamos a tocar nas rádios do interior, compusemos músicas e tínhamos fãs colegiais. Cheguei a entrar para faculdade de publicidade, mas parei no terceiro ano para poder iniciar meu tratamento hormonal.

Sou ator também, me formei em teatro, mas continuei com a música, porque era o que me dava o sustento. Sempre no pop rock, mesclando também com o jazz e swing. Cresci ouvindo Frank Sinatra, Elvis Presley, Queen, e a maior parte das músicas que componho são em língua inglesa. Por dez anos participei de uma *big band* e agora estou na carreira solo, planejando gravar um disco em breve.

Eu compus "Tudo que o mundo vai me dar" para o documentário *Questão de gênero*, de Rodrigo Najjar, lançado em 2013, pelo Coletivo Catarse. Em 2016, participei da série documental *Liberdade de gênero*, do canal GNT. É difícil ver homens trans na mídia, creio que faço parte de uma resistência em seguir na música independente, fora dos holofotes.

As pessoas trans que estão na mídia têm um papel muito importante, mas também muito delicado. É preciso ter cuidado com o que dizemos e como nos apresentamos. Minha experiência é a *minha* experiência, não posso falar por todos. Represento as pessoas trans que fizeram hormonoterapia, fizeram cirurgia, mas existem pessoas trans que não querem passar por esses procedimentos e elas podem ser o que e como quiserem. Lutamos para que cada vez mais sejamos visíveis, para que saibam que existimos e continuaremos a existir. Nós não somos entretenimento, somos aqueles que produzem o espetáculo.

LUEDJI LUNA:
Um corpo no mundo

Meu nome é Luedji Gomes Santa Rita, sou de Salvador, nascida e criada lá. Meu nome significa rio em Tchokwe, uma etnia de Angola, de onde o nome se origina. Luedji é uma rainha do povo Lunda, considerada a mãe de Angola. Nasci em 1987, no bairro do Cabula e me criei no bairro de Brotas, filha de pais que se conheceram no contexto dos movimentos sociais da década de 1970. Minha mãe era do bairro do Alto das Pombas e meu pai era do bairro do Calabar, ambos bairros periféricos, mas próximos aos bairros burgueses de Salvador, como Ondina e Barra. Cabula é um bairro que se pode dizer periférico na cidade de Salvador e que já foi, inclusive, um quilombo. Eu nasci lá em conjuntos habitacionais.

Os dois se encontraram nos movimentos de bairro de onde se iniciaram as construções dos partidos de esquerda e do movimento negro de Salvador. Eram dois trabalhadores e estudantes. Minha mãe fazia enfermagem e depois largou para fazer economia. Meu pai fez filosofia e depois história. Então fui uma criança privilegiada nesse sentido, porque o debate racial e social era tema de café da manhã, de almoço e de janta. Sempre me educaram para ser uma mulher forte.

Sou um projeto político de um casal de negros que conseguiram tudo a partir do estudo e do trabalho e que fazem parte de uma geração militante na Bahia. Uma geração que criou os filhos como projeto de guerra! Que colocou nomes africanos em seus filhos e que projetou neles a continuidade de uma luta que haviam iniciado.

Sou um projeto político

Todas as minhas amigas tinham cabelo alisado, mas por ser filha de militantes do movimento negro, isso era inconcebível pra mim. Desde os 5 anos, eu já usava meu cabelo bem crespo, bem antes desse movimento forte de empoderamento a partir da estética, que existe hoje. Todo amor que recebia dentro de casa, não encontrava fora. Sofri muito na escola, do pré-escolar ao colegial, tanto pelo racismo e por ser a única negra da turma quanto por uma certa androgenia que eu expressava desde a infância. Mas guardava para mim, sofria silenciosamente.

Quando comecei a regredir na escola, meus pais perceberam que ali, naquele espaço, eu era uma criança triste. Hoje percebo que essa educação e essa experiência, a partir de dentro de casa, foi o que fez com que eu tivesse um posicionamento político na vida adulta e em tudo o que eu faço, não só na arte.

Feminismo era um nome que não era dito em casa, o debate racial era mais forte que o debate de gênero entre meus pais. Mas lembro de um episódio muito interessante de quando meu pai disse para o meu irmão: "Quando você for se tocar, lave a mão". E virou para mim e disse: "Você também". Dentro de casa não havia esses tabus de "coisa de menina" e "coisa de menino".

Com 19 anos, morei no Canadá, depois voltei para a Bahia, quando meus pais já estavam morando em Lauro de Freitas, um município da região metropolitana de Salvador, e fiquei lá por cinco anos. Em 2015, saí da casa definitivamente e me mudei para São Paulo com 26 anos.

Je suis ici, ainda que não queiram, não

Eu me sinto muito corajosa. Primeiro por fazer música. Viver de arte é um desafio grande, muito grande! As políticas públicas no país voltadas à cultura são mínimas e, quanto existem, são sempre direcionadas para as mesmas pessoas e para os mesmos grupos. Esse é o primeiro ponto. O segundo ponto é que estou levando um discurso junto com este corpo que é de uma mulher preta, nordestina e bissexual. Um corpo que é vulnerável a opressões. Assumo este corpo, assumo este lugar e canto minhas verdades. Penso que o desafio maior é esse de cantar as próprias verdades, de falar o que eu sou e o que eu sinto no mundo.

Foi difícil pensar em referências quando decidi ser cantora e compositora, mas ao ver a cantora Ellen Oléria ganhar uma premiação em rede nacional (*The Voice Brasil*, Globo, 2012), aquela mulher preta, lésbica, compositora, aquilo me fez ter esperança. Eu também poderia chegar lá.

Eu, rio

Meus pais me adotaram e me deram uma educação no sentido de disputar espaços de poder, então estudei nos melhores colégios de Salvador. A ideia é que eu fosse diplomata, juíza ou tivesse qualquer cargo de muito prestígio, apesar de sempre demonstrar uma aptidão para música.

Tanto no colégio quanto em casa, isso não era muito incentivado. Acabei cursando Direito, mas não fiz o curso com afinco, não fiz amando. Eu sabia que iria abandonar Direito em algum momento. Paralelo ao curso, estagiava e pagava as aulas de canto na Escola Baiana de Canto Popular, fundada pela professora da Universidade Federal da Bahia, Ana Paula Albuquerque. A partir das aulas de canto, comecei a participar de recitais na escola e a me apresentar publicamente em casas do Rio Vermelho, tradicional bairro boêmio de Salvador. Quando eu me vi, já estava na música inteiramente, fazendo MPB e jazz.

Foi aí que eu percebi a dinâmica de Salvador, uma cidade com muitos artistas bons, mas de pouca visibilidade. Eu ambicionava realmente ter uma carreira, na perspectiva da música autoral. Assim, São Paulo foi me atraindo por ser uma cidade cosmopolita, onde todo mundo vem parar em algum momento. Onde se encontra gente de qualquer lugar do país e de qualquer lugar do mundo. Parecia que eu precisava ir para São Paulo para ter visibilidade no resto do país. Todos os olhos estão centralizados nessa megalópole.

Cheguei a fazer um grande show em Salvador, no qual cantei uma canção que compus para o vento, em homenagem ao orixá Iansã. Depois daquele show, tal qual o vento, peguei minhas malas e me mudei para São Paulo sem conhecer absolutamente ninguém. Fiz minha primeira apresentação na nova terra em uma casa de shows na Augusta, o Café Piu-Piu. Foi impactante porque a casa estava lotada e a repercussão foi muito boa.

Morei na Barra Funda e tive que procurar um emprego formal, porque estava completamente descapitalizada, sem disco, sem nada. Meus pais me deram um apoio inicial e só. Então, meus primeiros anos foram de tentar trabalhar e mobilizar a música. Chamei para participar de um show o grupo GRIST (Grupo de Refugiados e Imigrantes Sem Teto) da cidade de São Paulo, coordenado pelo Pitchou Luambo, advogado congolês e ativista da causa dos refugiados no Brasil. Eu estava buscando o tema da imigração nas canções e o contato com os refugiados africanos me trouxe muitos encontros.

Um corpo no mundo

"Um corpo no mundo" parte para o tema da ancestralidade, mas a questão da imigração e da xenofobia está presente. O que eu canto no disco é a ancestralidade a partir dessa troca com os imigrantes em São Paulo. O show não estava lotado, vieram apenas vinte pessoas, mas para mim foi a confirmação de que eu estava no caminho certo. Quem estava lá sentiu! Desde então, não parei de fazer shows. Cantei em diversos saraus na cidade, fui criando um público. Não consegui continuar cantando em bar, porque o foco de quem vai ao bar é beber e conversar com os amigos, a música fica em segundo plano. E, para mim, a música é extremamente sagrada. Mal consigo falar com o público quando estou cantando. Primeiro vem a música, depois o discurso.

Participei da abertura do Aparelha Luzia, casa de shows e eventos voltados à população negra, um verdadeiro quilombo urbano em São Paulo. Continuei cantando em eventos consecutivos. Esse foi um lugar onde me formei e conquistei muito público. Com a visibilidade que veio a partir dali, passei a receber convites para fazer o SESC e circular pelo Brasil.

Atravessei o mar
Um sol da América do Sul me guia
Trago uma mala de mão
Dentro uma oração
Um adeus...
Eu sou um corpo
Um ser
Um corpo só
Tem cor, tem corte
E a história do meu lugar
Eu sou a minha própria embarcação
Sou minha própria sorte"
("Um corpo no mundo", Luedji Luna)

A sexualidade feminina é muito presente na minha poesia. Canto muito a figura da mulher em si, meus romances, meus afetos. É importante termos a liberdade de cantar nossos afetos. Canto o que eu sinto, e minha música nasceu no lugar da solidão. Frequentei, durante a infância e a adolescência, espaços onde a maioria era branca, eu era a praticamente a única negra. Em termos de sociabilidade, experimentei tardiamente a amizade e a afetividade. Beijei segundo os parâmetros da época, perdi a virgindade muito tarde também. Eu estava naquele contexto em que não me via ser objeto de desejo de ninguém enquanto menina negra.

> *Pra que me olhar assim*
> *Se você sabe que é não*
> *Não brinca,*
> *Já comecei perdendo o jogo*
> *Eu não sei jogar*
> *E jogar pra quê?*
> *Pra que ser tão bonita assim*
> *Se jogar pra quê*
> *Não pego, não pode*
> *Não se cutuca*
> *Cobra com vara curta*
> *Escuta*
> *Tudo isso pra quê*
> *Atenta*
> *Aparenta não, mas o meu peito é de mulher*
> *Qualquer gota de amor afoga*
> *E faço um oceano dentro*
> ("Goteira", Luedji Luna)

Meu interesse sempre foi por homens e por mulheres, mas nos últimos anos eu me relacionei mais com mulheres do que com homens. Fiquei um tempo sem ficar com meninas por medo de decepcionar minha família. A perda desse medo veio junto com minha autonomia. Sou uma mulher preta bissexual que ama homens e mulheres, e isso está na minha música. Minha primeira composição foi aos 17 anos, por causa de um beijo que dei, e se chama "A pele". O primeiro beijo foi em um homem; o primeiro sexo, o primeiro gozo, com uma mulher.

AMANDA FOGAÇA

PAULA CAVALCIUK:
Morte e vida uterina

Meu nome é Paula Cavalciuk, nasci em 1985. Minha família sempre morou no campo, tal qual aquelas pessoas que saem de um filme do Mazzaropi. A família do meu pai chegou ao Brasil na década de 1930 e se estabeleceram em Piedade, interior de São Paulo. Sou de raiz meio caipira, meio russa.

Minha primeira infância foi vivida no Vale do Ribeira. Meu pai era caminhoneiro e viajava o Brasil ou para alguns países da América Latina. Quando minha mãe engravidou, ela estava em uma viagem para o Paraguai com meu pai. A partir dali, ele passou a trabalhar em uma hidrelétrica pela Companhia Brasileira de Alumínio (CBA), do grupo Votorantim, e se mudou para uma vila de funcionários no meio do mato. Até os meus 9 anos, estudei em uma escola rural, não tive acesso à internet, à televisão. Tinha acesso a alguma informação musical por meio dos discos do meu pai e da memória musical da minha mãe. Minha mãe cantava. Ela lavava roupa no rio e cantava.

Tive uma educação cristã católica, mas ouvia, além das músicas religiosas, a música caipira, o cururu – que é uma música de raiz caipira do Vale do Ribeira, feita para o desafio, quem ganhava mais aplausos se dava melhor – e todo o repertório sertanejo. Meu pai estudou até a quarta série, mas era um autodidata. Morávamos no meio do mato, e ele olhava para o céu e sabia o nome das constelações, mostrava pra mim o Cinturão de Orion, falava das Três Marias... Aprendeu sozinho. Hoje eu entendo que ele conversava muito comigo através da música. Por exemplo, ele não falava nunca que me amava, mas cantava pra mim uma música do Duduca & Dalvan, "Amor de Caminhoneiro" (1983), que fala dessa relação do caminhoneiro, de quando sai de casa, da saudade e do que o que motivava ele voltar. Minha infância foi isso.

Eu não sabia o que era leite de caixinha, a gente comia salada de palmito todos os dias, peixe pescado pelo meu pai no mesmo rio onde eu nadava todo dia. Nossa casa ficava entre Miracatu e Juquiá, no Vale do Ribeira, e era uma área de preservação ambiental. Meu pai é de uma cultura do trabalho exaustivo, de que o trabalho é que enaltece a gente, e não pôde nunca parar para pensar sobre o homem que era. Minha mãe era da Pastoral da Criança e eu ajudava ela a pegar ervas para fazer os chás, separar casca de ovo e semente de abóbora para fazer uma mistura nutricional que era dada às crianças da região. Na década de 1990, o Vale do Ribeira viveu umas das maiores estatísticas de mortalidade infantil do país. Eu vivi essa realidade. Tive amigos que faltavam à escola e quando procurávamos saber o motivo, era porque tinham morrido de desnutrição ou de problemas relacionados à falta de saneamento básico. Viver nesse meio é aprender a não pensar só em você mesmo, e sim em que campo você vai atuar. Foi nesse ambiente que a música nasceu pra mim.

Eu passava o dia imitando o som dos passarinhos, o barulho do mato. Ficava mapeando a dicção das pessoas de lá. Minha mãe, enquanto realizava as atividades domésticas, ficava cantando. Colocava uma fita de Milionário & José Rico, eles abriam duas vozes, e ela abria uma terceira. Eu ficava com ouvido atento, pensando se um dia iria conseguir cantar como ela.

Hoje, espero que você consiga ser o que precisa ser

Nessa cultura do trabalho, acabei indo trabalhar como assistente de comércio exterior em uma multinacional japonesa em Sorocaba. Meu pai tinha tanto orgulho do meu emprego que ele andava com a seringa que esta indústria produzia no bolso para mostrar aos amigos. Havia me formado em logística e também já havia feito aulas de inglês em Sorocaba. Meu gerente gostava de me ver cantar em inglês nas pausas do dia. Chegou a me contratar para cantar no aniversário dele e me disse que se tivesse que me perder para alguém, que fosse para a música. Dito e feito, ele me perdeu para música.

Comecei cantando em barzinho em 2010. Na escola, conheci um amigo, Vinícius Lima, que passou a me acompanhar com o violão. Cantávamos Beatles na escola e só queríamos saber de música, ao ponto de o diretor proibir a entrada de violão na escola. Todo mundo começou a matar aula para ver a gente tocar na pracinha da escola.

Com 12 anos, numa gincana escolar, tive a chance de provar que eu era realmente da música, que eu era uma compositora. Compus o "Rap da dengue", por causa de um incentivo ao combate à dengue na escola.

No momento em que me virei para cantar para as pessoas, estavam os três turnos, a diretoria, todos os professores, o menino que eu gostava, os amigos dele, todo mundo estava olhando para mim. Travei! Não consegui cantar nada, só falei para o pessoal assim "Cuidado com a dengue!" e saí correndo para nunca mais subir num palco e cantar até os 25 anos. Foi um hiato na minha vida. Coloquei na minha cabeça que eu não era boa. Já adulta, comecei a me mostrar aos poucos, cantando em barzinhos.

A partir das experiências cantando em bares, conheci o Ítalo Ribeiro, que é o atual baterista da minha banda. Ele produziu meu primeiro EP, *Mapeia* (2015). Ítalo já tocava em São Paulo com a Tulipa Ruiz e veio como uma força para mim. Ali comecei a desengavetar minhas músicas e a mostrá-las. Gravamos o EP em casa e, quando íamos lançar, meu gato subiu na mesa, derrubou o computador no chão e perdemos tudo. Ficamos desgastados, mas depois daquele acidente, começamos a pensar numa boa produção de fato.

Nesse processo, Ítalo me ensinou algo fundamental, de como soa a voz de uma pessoa. Qual a diferença de ouvir um som dos anos 1980, para a década de 1990, para 2000? Qual a diferença para o hoje? Pensei que era o momento de turbinar o ouvido, como naquele tempo em que eu ficava atenta à voz dos pássaros e das pessoas. Precisava ouvir os discos e prestar atenção.

O que mais me chamou a atenção na produção musical atual foram os discos da Karina Buhr e da Tulipa Ruiz, porque são cantoras com vozes muito diferentes, com vozes que propõem coisas diferentes. Isso me deu a sensação de que eu pudesse caber no tipo de pessoa que eu sou de verdade.

Depois do EP, enviamos um projeto de produção de disco para o Proac e ganhamos o edital. Lançamos "Morte e vida uterina", em 2016, com a produção de Gustavo Ruiz e Bruno Buarque.

Morte e vida uterina

Quando fiz o primeiro vídeo da música "Morte e vida uterina", em 2016, com a #PorTodasElas, convoquei mulheres a enviarem relatos em vídeo sobre os abusos sofridos ou frases de empoderamento feminino. Além disso, colocamos recortes de notícias sobre a violência contra a mulher e alguns comentários machistas que as acompanhavam nos jornais.

Foi bem na época em que saiu a notícia de uma garota de 16 anos que havia sido estuprada por trinta homens no Rio de Janeiro, em maio daquele ano. O que aconteceu feriu todas nós.

Como uma fêmea, cadela no cio
Eu caminhava por entre assovios
Nunca entendi quem por mim se atraía
Morte e vida uterina
Meu corpo infante, que então era puro
Passou a ter domínio público
Meu endereço era agora uma esquina
Morte e vida uterina
("Morte e vida uterina", Paula Cavalciuk)

O feminismo para mim é recente. Acho que cada uma tem um processo e que existem muitas maneiras de se expressar politicamente. Minha mãe não sabia, mas ela era feminista. Dizia para mim e para minha irmã que devíamos estudar para não depender jamais de um homem. Num dado momento, resolvi parar para pensar melhor sobre o assunto, para ver o que estava acontecendo no mundo em relação às mulheres. Mergulhei de cabeça e começaram a cair as fichas da minha vida. Entendi que o motivo de não ter sido promovida em determinada situação no emprego, com capacidade plena para isso, era pelo fato de eu ser uma mulher. Entendi porque eu ganhava menos, exercendo a mesma função na empresa que alguns homens. Porque eu não podia sair de casa, mas meu irmão sempre pôde namorar.

O fato de eu ser uma mulher me tirava a liberdade. Tudo passou a fazer sentido. Pensei: "Agora, vou sair matando todos esses caras?!". Não! Canalizei as energias para me unir com outras mulheres, empoderar outras mulheres, para me permitir fazer o que eu queria, me descobrir e para cantar também sobre essa luta.

Ela lava e passa
Ela passa e lava
Ela leva incerteza e enxágua a tristeza num balde

Com água
Ela cedo madruga
E precisa de ajuda
Mas não dá para esperar
E nem pode atrasar
No busão pra labuta
Chega quieta
Vai embora calada
Não mora na casa, mas serve comida
E roupa lavada
Ela serve o almoço
Mas não senta-se à mesa
Faz seu prato solitário na cozinha e almoça sozinha
Até parece novela, o núcleo pobre da trama
Ninguém pergunta onde mora
Ninguém conhece seu drama
Mas ela é muito bem paga
Para cuidar dos meus filhos
Só não tem tempo pros seus
Mas isso também já não é problema meu
Mas num belo dia, Maria faltou
Sem nem avisar, não atendeu celular
E o patrão descontou!
Onde já se viu?
Nos deixar na mão
O tanque tá cheio, a pia entupiu e tá sujo o fogão
Mas, no almoço, o jornal, que tragédia danada
Dizia que a própria polícia matara a mulher arrastada
Coincidência terrível, era nossa empregada
Lá se vai uma semana sem comida pronta e roupa lavada!
("Maria Invisível", Paula Cavalciuk)

Na educação cristã católica, tudo é pecado, tudo é errado. Colocam você numa caixinha e não há opção. Talvez por isso eu tenha demorado muito tempo para perceber meu interesse sexual por mulheres. Tudo mudou quando me apaixonei por uma mulher, no começo de 2017, e passei a me entender dentro da bissexualidade.

Profissionalmente, hoje estou numa linha musical muito mais crua, com o uso de instrumentos acústicos. Gosto muito de vozes. Tanto que quando componho uma música, componho os arranjos dela gravando a voz em cima, como se fosse um instrumento, só aí os meninos da banda transmitem para o instrumento. Não tenho teoria musical. Nesse ponto, assim como meu pai, sou autodidata.

A música que eu compus, e de que eu mais gosto, ainda não foi gravada. O nome dela é "Pangeia". Sabe quando você vê um buraco na calçada e não sabe onde ele acaba, onde está a terra? Pensei no movimento da Pangeia, quando houve a separação geológica dos continentes. Estamos todos construindo um lugar, que em algum momento vai se abrir.

Essa noite eu tive um sonho,
Que o asfalto se abria
E o que era a brecha então buraco
Lá para dentro me atraía.
A rachadura do asfalto
Com rapidez evoluia.
Embora eu não sentisse medo
Algo de novo acontecia.
Quem já foi pangeia
Não tem medo de partir
("Pangeia", Paula Cavalciuk)

JOHNNY HOOKER:
Amor marginal

ERICA COLAÇO

Meu nome é John Donovan Maia, nasci em 1987. Donovan por parte do meu avô irlandês e Maia do meu avô cearense. A família pelo meu lado paterno é majoritariamente sertaneja, minha avó é de Acari, um distrito do fundo do Rio Grande do Norte, e meu avô veio do Crato, no Ceará. Meus avós maternos são irlandeses. Meu avô migrou para o Brasil no pós-segunda guerra e veio especificamente fundar uma escola britânica, que posteriormente viraria a Cultura Inglesa. Minha avó já havia se casado aos 15 anos e tinha uma vida muito complicada. Nos anos 1950, desquitar era motivo de escândalo, então ela saiu da Europa, fugindo das perseguições, e conheceu meu avô em um cruzeiro a caminho do Brasil. Eles se casaram e tiveram meu tio e minha mãe.

Meus pais se conheceram em Recife, mas minha mãe nasceu no Rio de Janeiro. Ela era estilo punk e meu pai de uma geração *new wave*, mais colorida. Foi um encontro estético curioso. Ambos queriam ser fotógrafos e partilhavam esse sonho. Quando nasci, eles tinham apenas 21 anos. Dessa mistura e de muitas idas e vindas é que vim ao mundo.

Minha mãe já me dizia, jogue tudo numa canção

Minha mãe diz que aos 2 anos eu tinha um vocabulário anormal e já demonstrava paixão pelo cinema. Aos 5, eu decorava as falas dos filmes. Havia um monólogo do filme da Bela Adormecida que era minha performance para os amigos dos meus pais, quando a vilã Malévola joga o feitiço na princesa. Foi um privilégio ser criado por uma mulher inteligente, moderna, sensível e que amava a fotografia. Ela era uma pesquisadora excepcional, e eu fui virando uma criança obcecada por Hollywood, por cinema, partilhando de suas pesquisas. Aos 5 anos, quando ela me perguntou o que eu queria fazer, respondi que queria ser aquelas pessoas que ficam por trás dos filmes.

Ela possuía uma estética muito provocadora, vestia roupas masculinas, raspava os cabelos ou, às vezes, pintava de várias cores, um visual muito moderno, e era cercada de amigos gays. Cresci nesse universo com clima de liberdade, de amor, de compreensão. Para mim enquanto artista foi muito importante crescer nesse ambiente de aceitação, de liberdade artística. Muita sorte.

Quando chegou o momento de assumir a minha sexualidade, não houve dificuldade com relação a minha mãe. Para o meu pai não foi a melhor coisa do mundo, mas também não foi um drama, uma questão.

> *Sempre usou cabelo curto, chinelo e calção*
> *Mas não via nenhuma graça nos bonecos de ação*
> *Ganhava sempre no natal, dizia que adorou*
> *Mas não tava nem aí pra aqueles G.I. Joe*
> *Pai, para de insistir (pai, para)*
> *Você tá dando mole*
> *Eu só gosto mesmo é de brincar*
> *Com as minhas bonecas da Polly*
> ("Coisas de menino", Johnny Hooker)

Durante a adolescência, cheguei até a me questionar se eu era de fato gay, porque me apaixonei perdidamente por uma menina aos 15 anos, e namoramos quase dois anos. Minha mãe tomou um susto: "Você não havia dito que era gay?". Foi uma história de paixão colegial no Recife. Nessa mesma época, surgiu o interesse pela música. Esta garota possuía uma visão de mundo livre de conceitos e paradigmas para a época, tanto que sofria *bullying* por causa de suas ideias naquela sociedade machista. Ela era muito o tipo da minha mãe. Não se prendia às convenções das roupas de menina. Acho até que foi questão freudiana entre nós...

O namoro acabou, inclusive, porque contei para ela que eu estava apaixonado por um menino, e ela compreendeu. Entendi que a paixão pode, sim, acontecer em qualquer formato, você pode se apaixonar por qualquer pessoa. A paixão independe do sexo. É claro que existe a paixão do sexo, mas não era isso naquela época, foi uma paixão de amor, de amizade, e eu, tão novo, descobri isso. E descobri também, por causa dessa garota, quanta opressão, quanto machismo, quantas coisas horríveis as mulheres sofrem.

Acompanhava as batalhas da minha mãe como mulher, como profissional, via a discriminação que ela sofria no trabalho, mas eu não compreendia. Fui compreendendo com a entrada na juventude. Ser criado por essa mulher significava crescer num seio muito político. Ela sempre se indignou com as questões políticas e foi muito ativa nisso. Sempre teve os olhos muito abertos para a questão das mulheres, a questão das desigualdades.

Eu vou ser roquestar

Eu e Denise, minha namorada na época, éramos apaixonados por David Bowie. Na verdade, obcecados! Bowie era um ET que veio ao mundo pra salvar a gente. Ele chega e diz *"you not are alone"*, você não está sozinho ("Rock 'n' Roll Suicide", David Bowie, 1972). Uma noite, bêbados e rebeldes, cantando Bowie a plenos pulmões, prestei atenção em um trecho que diz:

> *I'm an alligator, I'm a mama-papa comin' for you*
> *I'm the space invader, I'll be a rock 'n' rollin' bitch for you*
> *(Eu sou um crocodilo, eu sou mamãe-papai que vem para você*
> *Eu sou o invasor do espaço, eu serei uma prostituta do rock pra você)*
> ("Moonage Daydream", David Bowie, 1972, tradução livre)

Esse trecho *"I'll be a rock 'n' rollin' bitch for you"* ficou na minha cabeça e pensei em colocar Johnny Bitch como meu nome artístico, mas soou muito pesado. Então fui pesquisar os sinônimos no dicionário, e achei Hooker. Parece mais comigo, soa mais punk.

Comecei a cantar com umas músicas punks, algumas letras em inglês. O visual já estava lá, eu usava umas saias, maquiagens, pintava o cabelo de loiro. Em 2003, tivemos a primeira banda que foi Johnny Hooker and the Bitch from War. Isso durou uns quatro anos, depois virou Candeias Rock City, em homenagem ao bairro onde eu fui criado, que fica em Jaboatão dos Guararapes (região metropolitana do Recife). Por volta de 2010, comecei a migrar, comecei a escrever músicas em português. Naquele ano, participei junto com a banda de um *reality show* chamado *Geleia do Rock*, no canal Multishow.

O *Geleia* foi uma guinada na nossa vida, porque vencemos o programa e o prêmio foi a transmissão do nosso show completo. Foi lá que cantei "Amor marginal" pela primeira vez, em rede nacional. Quando voltei para Recife, todo mundo estava cantando minha música. Ali, eu decidi cantar somente em português. Estava vivendo uma fase de Caetano, ouvindo muito Caetano Veloso.

Eu nunca fui a Bahia
Eu nunca fui a Salvador
Mas um dia que a gente não troca calor
Não me preocupa
Alguém por aqui me mostrou
Caetano Veloso!
("Caetano Veloso", Johnny Hooker)

Pouco tempo depois, eu me mudei para São Paulo e passei uns anos desiludido com a música, achando que não iria dar certo, pensando em trabalhar com outras coisas. Em 2012, eu fui pra Recife filmar *Tatuagem* (2013), de Hilton Lacerda, conheci um menino e me apaixonei perdidamente por ele. Nosso namoro durou uns três ou quatro meses, mas não terminou muito bem, e então voltei para São Paulo. Foi fugindo de um coração partido que resolvi me mudar. Eu penso que quando a gente quebra a cara no amor, tem que ter uma mudança radical, tem que quebrar alguns paradigmas! Comecei a trabalhar como ator, gravei uma série chamada "Menina sem qualidades" (2013), da MTV Brasil, até que chegou o momento de lançar *Tatuagem*, em 2013.

Recife, 25 de março, te mando um recado
te pego, te agarro, te mando um escarro de desejo e de dor
Recife, teu cheiro me joga de volta aos teus braços
sorrisos corroem como mil fatos, saindo dos cantos esquecidos daqui
("Só pra ser teu homem", Johnny Hooker)

Voltei ao Recife para o lançamento do filme e fiz o clipe da música "Volta", com o ator Irandhir Santos. Na época, eu estava sem dinheiro para gravar meu primeiro disco, então eu soube da notícia de que estavam procurando atores pra montar um núcleo da próxima novela das sete da Globo, *Geração Brasil* (2014). Era um núcleo pernambucano, e fui convidado para fazer um teste. Senti na hora que havia uma energia diferente e não desperdicei.

Fui a uma reunião com roteiristas que só conhecia de nome e soube que fui escolhido para fazer um papel na novela. Pensei que, no mínimo, seria uma experiência muito louca, tinha Lázaro Ramos, Thais Araújo, Cláudia Abreu no elenco. Era uma novela sobre tecnologia, com uma temática bem leve por causa do horário. Fiz o personagem Thales Salgado, um percursionista pernambucano. Uma experiência extraordinária, ainda mais porque minha música "Alma Sebosa" entrou para trilha sonora e virou um clipe com os amigos que tínhamos feito no elenco.

Com a rescisão do contrato da novela, investi a grana no disco *Eu vou fazer uma macumba pra te amarrar, maldito!* (2015), e gravamos em dois dias, com uma banda fantástica que está comigo desde 2014. Logo soubemos que "Amor Marginal" estaria na novela das nove, *Babilônia* (2015), e viralizou.

O show que fazíamos era pra quinhentas pessoas, começou a ser pra três, quatro mil pessoas. Só sei que foi uma explosão na minha vida, fizemos show para trinta mil pessoas e o número foi aumentando... Ganhei o Troféu de Melhor Cantor de Canção Popular do Prêmio da Música Brasileira, em 2015. Veio um DVD em 2016 gravado em Recife, no Baile Perfumado, no qual colocamos nos créditos o nome de todas as pessoas que compraram ingresso e compareceram tanto na gravação quanto em outros clipes.

Meu amor, não mais deixes escapar
Nenhum desejo no teu olhar
De pecados proibidos, esquecidos
Respirando mágoas de uma outra dor
Do nosso caso imoral
Desse amor, desse amor marginal
Eu vou
("Amor marginal", Johnny Hooker)

Nunca cursei teatro, esse lado teatral foi sendo trabalhado dentro da minha música. A música e as performances dentro da música me levaram para a atuação. Nos shows é que surgiram convites para fazer cinema e novela, mas não tenho formação acadêmica. Não estudei música também. Das passagens pelo cinema, *Tatuagem* é algo muito caro a mim. Embora o filme se passe nos anos 1970, é uma temática que trata do futuro, daquelas pessoas que estavam ali discutindo gênero em meio à ditadura militar. O filme traz a companhia Chão de Estrelas, baseada no Grupo Vivencial, que existiu no Recife dos anos 1970 e 1980. Quando chegou a epidemia da AIDS, mais da metade daquele grupo morreu.

Ninguém vai poder querer nos dizer como amar

Esta geração de hoje vem fortemente questionando as ideias de gênero. No meu caso, essa desconstrução de gênero tomou força na época do filme *Tatuagem*, justamente na esteira dessa polarização política. A história passa por esse movimento pendular: ora é um movimento progressista, ora é um movimento conservador e obscuro, e são nesses momentos que as lutas surgem. Com essa ameaça de perda dos direitos conquistados pelo progressismo político dos últimos quinze anos, é hora de colocar, mais do que nunca, a discussão em cena. Bater na tecla das nossas liberdades, das nossas existências. É hora de reafirmar nossas existências.

> *Um novo tempo há de vencer*
> *Pra que a gente possa florescer*
> *E, baby, amar, amar sem temer*
> *Eles não vão vencer*
> *Baby, nada há de ser em vão*
> *Antes dessa noite acabar*
> *Baby, escute, é a nossa canção*
> *E flutua, flutua*
> ("Flutua", Johnny Hooker com part. de Liniker)

Temos As Bahias e a Cozinha Mineira, Liniker e tantos outros. Lembro de ter ouvido uma entrevista com a sexóloga Regina Navarro há uns três anos, e ela sempre bateu na tecla de que no futuro as linhas que separam gêneros iriam ficar cada vez mais tênues. O que ela "profetizou" está acontecendo tão rápido e enquanto eu estou vivo. É um prazer estar vivo enquanto isso acontece! Nas Paradas LGBTs, por exemplo, enquanto participo, sempre penso que a luta não é somente por nós que estamos aqui agora, mas é pelos que vieram antes. Por todos que vieram antes, Ney Matogrosso, Gal Costa, Maria Bethânia, Cássia Eller, Lecy Brandão. Se estamos mostrando nossas liberdades políticas e afetivas, é porque muitos dos que vieram antes pavimentaram este chão.

Já me desenganei desse amor marginal

Eu sou um homem cisgênero, gay, nordestino, artista. Penso que essa coisa de identificar e colocar-se em caixinhas, não faz tanto sentido quando se trata de arte. Claro que na vida real é importante para todo mundo, mas o que gosto de fazer artisticamente, para além de misturar as formas de expressão ditas masculinas e femininas, é criar uma criatura, uma espécie de entidade. Como um ET, como Bowie. Ali não é um homem nem uma mulher, é uma criatura, que está chamando todos que estão à margem para dar as mãos, se unirem nessa jornada. É criar uma personagem que esteja além do gênero. Uma criatura que agrega pessoas que estão às margens. E, até na minha vida pessoal mesmo, no meu grupo de amigos, gosto de estar próximo às pessoas que estão na margem dos padrões e às margens das regras da sociedade.

A energia do show é uma catarse, parece um exorcismo, um renascimento coletivo. É preciso falar nessas coisas existenciais, que as pessoas não falam mais. As pessoas acham que não há mais sentido falar de coisas existenciais, ou que é feio falar, ou que é loucura. No show, nas performances, eu me sinto como se estivesse encantado, liberto.

Enquanto eles se batem
Sem saber por quê
A gente se pega e se joga
Na brutal flor do querer
Mistério de tudo enfim
A verdade enfrentar
Libera, menina
Exorciza essa dor

E vamos a vida à gozar
("Escandalizar", Johnny Hooker)

Firme e forte feito um touro

Minha estética vem de uma tríade primordial, os artistas que mais me influenciaram: David Bowie, Madonna e Caetano Veloso. Uma tríade bem performática, estética. É também uma mistura de música bem brasileira com música pop, calcada na figura de uma coisa forte, dessa criatura, desse personagem que se desenha no palco, nos discos e nas performances.

Coração (2017) é um disco muito diferente do *Macumba* (2015). Ele expande o leque de temáticas do primeiro disco. Eu queria falar de morte, fazer uma homenagem a David Bowie em "Poeira de Estrelas". Trago um verso que é algo que minha avó me dizia e que tento me lembrar nos momentos em que preciso me reerguer: seja "firme e forte feito um touro". É também um disco muito combativo. Fala sobre essa minha luta de levantar e combater a depressão, combater esse fim de mundo em que está o país, essa crise que não acaba. Esta crise que é afetiva, que é política, que é econômica. Combater e tentar renascer, reagir às porradas do mundo lá fora.

"Flutua" é um dueto com Liniker, uma música sobre amar sem ter medo. Amar sem Temer! Ela dá o novo tom do disco e manda um recado sobre como vai ser o próximo. Sigo cantando, pois é a música que salvou minha vida um milhão de vezes e continua a salvar todos os dias. Eu espero que essa geração que está nos palcos tenha uma vida longa. Essa geração LGBT cheia de orgulho de ser o que é. A partir de *Coração*, começo de novo minha vida, e vamos ver o que as novas encarnações me reservam.

Olha eu aqui de novo
Viver, morrer, renascer
Firme e forte feito um touro
("Touro", Johnny Hooker)